AF206034

Tucholsky Wagner Zola Scott Sydow Freud Schlegel
Turgenev Fonatne Wallace
Twain Walther von der Vogelweide Fouqué Friedrich II. von Preußen
Weber Freiligrath Frey
Fechner Fichte Weiße Rose von Fallersleben Kant Ernst Frommel
Richthofen
Hölderlin
Engels Fielding Eichendorff Tacitus Dumas
Fehrs Faber Flaubert
Maximilian I. von Habsburg Fock Eliasberg Ebner Eschenbach
Feuerbach Eliot Zweig
Ewald Vergil
Goethe Elisabeth von Österreich London
Mendelssohn Balzac Shakespeare Dostojewski Ganghofer
Trackl Lichtenberg Rathenau Doyle Gjellerup
Stevenson Hambruch
Mommsen Thoma Tolstoi Lenz Hanrieder Droste-Hülshoff
Dach Verne von Arnim Hägele Hauff Humboldt
Karrillon Reuter Rousseau Hagen Hauptmann Gautier
Garschin Defoe
Damaschke Descartes Hebbel Baudelaire
Wolfram von Eschenbach Hegel Kussmaul Herder
Bronner Darwin Dickens Schopenhauer Rilke George
Melville Grimm Jerome
Campe Horváth Aristoteles Bebel Proust
Bismarck Vigny Barlach Voltaire Federer Herodot
Gengenbach Heine
Storm Casanova Lessing Tersteegen Gilm Grillparzer Georgy
Chamberlain Langbein Gryphius
Brentano Lafontaine
Strachwitz Claudius Schiller Kralik Iffland Sokrates
Katharina II. von Rußland Bellamy Schilling
Gerstäcker Raabe Gibbon Tschechow
Löns Hesse Hoffmann Gogol Wilde Gleim Vulpius
Luther Heym Hofmannsthal Klee Hölty Morgenstern
Roth Heyse Klopstock Kleist Goedicke
Luxemburg Puschkin Homer Mörike
La Roche Horaz Musil
Machiavelli Kierkegaard Kraft Kraus
Navarra Aurel Musset
Nestroy Marie de France Lamprecht Kind Kirchhoff Hugo Moltke
Laotse Ipsen Liebknecht
Nietzsche Nansen
Marx Lassalle Gorki Ringelnatz
von Ossietzky May Klett Leibniz
vom Stein Lawrence Irving
Petalozzi Knigge
Platon Pückler Michelangelo Kock Kafka
Sachs Poe Liebermann Korolenko
de Sade Praetorius Mistral Zetkin

Rhythmus des neuen Europa / Weitere Gedichte

Gerrit Engelke

Impressum

Autor: Gerrit Engelke
Umschlagkonzept: toepferschumann, Berlin

Verlag: tradition GmbH, Hamburg
ISBN: 978-3-8495-2987-1
Printed in Germany

Text der Originalausgabe

Gerrit Engelke

Rhythmus des neuen Europa / Gedichte

An den Tod

Mich aber schone, Tod,
Mir dampft noch Jugend blutstromrot, –
Noch hab ich nicht mein Werk erfüllt,
Noch ist die Zukunft dunstverhüllt –
Drum schone mich, Tod.

Wenn später einst, Tod,
Mein Leben verlebt ist, verloht
Ins Werk – wenn das müde Herz sich neigt,
Wenn die Welt mir schweigt, –
Dann trage mich fort, Tod.

Rhythmus des neuen Europa
I

Erstmals veröffentlicht 1921

Schöpfung

Nicht Raum, nicht Zeit, nur Nacht und Nacht.
Nur Nacht, von Nacht noch überdacht.
    Ein trächtig Sausen wogend schwoll –

Da! plötzlichgroß ein donnernd »Ich«! erscholl –
    Da: Er! – Er saß in Nacht,
    Und Er – Er war die Nacht.
    Der Anfang war erwacht.
Er saß im Anfangsnacht-Getreibe
Mit schwangerem Hirn und Leibe,
Um Seinen Körper rauchte Schweiß.
    Ein helles Strahlen ging aus Seinem Kopf –
    Und wurde dicht und hell: zum Silber-Mond-Kreis,
    Aus Seinen Augen fiel ein Lichtgetropf:
    Und irrte wirr im Dunkel:
        Sterngefunkel.

Da scholl es wieder fürchterlich:
    Das All-Gebär-Gebrüll: »Ich«!
Da riß Er auf mit Händekrallen Seine Stirn:
Und offen lag in Dampf: das rote Feuer-Hirn!
    Er riß ein Stück heraus:
    Er ballte eine Kugel draus
    Und hielt das Glühen in die Nacht,
    Er hing es in den Braus:
        Die Sonne war erwacht!

Ein Glühgezisch, das Funken sprühte,
Das heiß die schwere Nacht durchglühte,
Daß Mond und jeder Stern verblühte
    Und alles Dunkel schwand.

Hochoben hing der Sonne-Brand.
Da riß Er mit den Händekrallen
Aus Seinem Leib das Alles-Herz!
Schrie »Ich«! und »Ich«! in Dampf und Schmerz –
Und ließ es in die Tiefe fallen –

Er ließ es in die Tiefe fallen
Und setzte Seinen Fuß darauf.
    Und setzte Seinen Fuß auf diese Welt
    Auf Seine, Seine Welt,
Von Sonne überhellt.

Zum Letzten rief er wieder »Ich«:
Gedehnt und väterlich beschließend,
Als erster Wohlklang aus Ihm fließend,
Und ließ ein Teilchen Zeugungs-Hirn aus Seiner Hand
Tief abwärts fallen auf das neue, runde Land:

Und da! und da: der Same quoll;
Ein Wesen, neues Wesen schwoll:
Und stieg – und stand auf dem Geroll: –
Der Mensch! der Mensch! der Mensch!

Der sah den All-Gebärer nicht!
Er sah das Licht, nur Licht und Licht!
Er hob ergriffen seine Hände hoch,
Ein schäumend Stammeln seinem Mund entflog,
    Das große Leuchten bog
        Seine Knie –

Da brach aus seinem Munde jäh ein Sang:
Voll Rausch, voll niegehörtem Urwelt-Klang:
    Vom wilden Leben hochgeschwellt:
        Hinauf! Hinauf!
    Zum ersten Tag! Zum Ewig-Tag!
        Zum Tag der Welt.

Der rasende Psalm

Gott! Zeus! – Christ! Pan!
Gott! Baal! – Zeus! Pan!
Inder-Soma! Wolken-Donar!
Großer Lama! Schöpfer-Brahma!
Aller Götterhirne Schädelhaus!
Alles Götteratems Luftgebraus!

All-Hirn! Kraft-Stirn!
Zorn-Arm! Welt-Darm!
Lebenslunge! Kosmoszunge!

Alles Sommerblühens Baum,
Alles Narren-Denkens Schwinge,
Aller Tatenfäuste Daum,
Fleisch und Seele aller Dinge:
Anfangsall-Gebärer:
Ewig-Forternährer:

Wirf herab die Böllerpauke!
Wirf herab die Weltenpauke!

Aller Städtemenschen Herdenstrom
Will ich schlagen laut und barsch,
In Fabrik- wie Kirch- und Wolkendom,
Generalgewaltenmarsch!

Alle Laster, Leidenschaften,
Alles Werdens Mutterschaften,
Dirnenliebe, vielgeschmähte,
Alle Telegraphendrähte,
Alles Krankenhaus-Gestöhn,
Aller Hammer Schlag-Gedröhn,
Alle krummen Straßenstränge,
Allen Wirtshaus-Lärm,
Militärkapellen-Klänge,
Alles Mensch-Gedärm

Will ich auf die Pauke spannen,
Daraus Groß-Gesänge bannen!
Trotzig meine Pauke tragen:
Und mit harten Knöcheln schlagen!
Daß sie jedes Ding mit Ehrfurcht nennen,
Deinen Körper überall erkennen!

Deines Gipfel-Kopfes
Wolkenschaum-Gelock,
Deines Mundes-Topfes
Städtequalm-Geflock,
Deiner Brüste Pamir-Platte,
Deines Bauches Straßen-Därme,
Deines Leibes Krater-Wärme,
Deiner Füße Länder-Matte,
Deiner großen Zornes-Pforte
Schwarz-Gewitterwolken-Graus,
Deiner tiefen Kosmos-Worte
Neunte-Symphonie-Gebraus.
Eifersvoll beschlag ich gell
Deiner Pauke Paukenfell:
Daß man hört durch mich!
Alles-Gottheit Dich!

Der Mittler

Dich, Dichter und Denker,
Umstürzt das tosende Meer der Lärm-Welt:
Kreischende Wellen, zischender Gischt hasten wie
Springflut,
Dich umbrüllend, dir zu.
Wellen um Wellen schleudert die Welt um dich auf:
Fabriken, von fauchenden Eisenbahnen durchtummelt,
Laufende Menschen, schreiende Menschen,
Ineinander geschobene Pferde und Wagen,
Straßenbahnen,
Aufgesprengte Domtürme, Sing-Prozessionen,
Boot-Gewimmel,
Dampfer mit Heul-Sirene,
Und Qualm, Lärm, Qualm, Hammerlärm –
Alles
Stürzt zusammen
Und fällt hämmernd rasselnd blitzend schreiend
Über dich her!

Da faßt dich eine rasende Springwoge
Und schleudert dich hoch!
Höher –
Ein letzter Gischtspritzer leckt dir den Fuß
Und – da schwebst du in Sphären-Klarheit
Erlöst über der Dampf-Welt,
Über der Kampf-Welt da unten, tief unten –
Sink wieder hinab,
In die Welt,
Dichter und Denker!
öffne den Menschen
Die Sinne mit deinem Wort,
Laß sie erkennen, die Menschen,
Den Welt-Trieb-Geist,
Den Gottgeist.

Mensch zu Mensch

Menschen, Menschen alle, streckt die Hände
Über Meere, Wälder in die Welt zur Einigkeit!
Daß sich Herz zu Herzen sende:
Neue Zeit!

Starke Rührung soll aus Euren Aufenthalten
Flutgleich wellen um den Erdeball,
Mensch-zu-Menschen-Liebe glühe, froh verhalten,
Überall!

Was gilt Westen, Süden, Nähe, Weitsein,
Wenn Euch Eine weltentkreiste Seele millionenfältigt!
Euer Mutter-Erde-Blut strömend Ich- und Zeitsein
Überwältigt!

Menschen! Alle Ihr aus einem Grunde,
Alle, Alle aus dem Ewig-Erde-Schoß,
Reißt euch fort aus Geldkampf, Krieg, der Steinstadt-
Runde:
Werdet wieder kindergroß!

Menschen! Alle! drängt zur Herzbereitschaft!
Drängt zur Krönung Euer und der Erde!
Einiggroße Menschheitsfreunde, Welt- und Gottge-
meinschaft
Werde!

Stadt

Zehntausend starre Blöcke sind im Tal errichtet,
Aus: Stein auf Stein um Holz- und Eisenroste hochge-
schichtet;
Und Block an Block zu einem Berg gedrückt,
Von Dampfrohr, Turm und Bahn noch überbrückt,
Von Draht, der Netz an Netze spinnt.
Der Berg, von vielen Furchen tief durchwühlt:
Das ist das große Labyrinth,
Dadurch das Schicksal Mensch um Menschen spült.

Fünfhunderttausend rollt im Kreis das große Leben
Durch alle Rinnen fort und fort in ungeheurem Streben:
In Kaufhaus, Werkstatt, Saal und Bahnhofshalle,
In Schule, Park, am Promenadenwalle,
Im Fahrstuhlschacht, im Bau am Kran,
Treppauf und ab, durch Straßen über Plätze,
Auf Wagen, Rad und Straßenbahn:
Da schäumt des Menschenstrudels wirre Hetze.

Fünfhunderttausend Menschen rollt das große Leben
Durch alle Rinnen fort und fort in ungeheurem Streben.
Und karrt der Tod auch Hundert täglich fort,
Es braust der Lärm wie sonst an jedem Ort.
Schleppt er vom Hammer-Block den Schmied,
Schleppt er vom Kurven-Gleis den Wagenleiter:
Noch stärker brüllt das Straßenlied:
Der Wagen fährt – der Hammer dröhnt weiter.

Auf der Straßenbahn

Wie der Wagen durch die Kurve biegt,
Wie die blanke Schienenstrecke vor ihm liegt:
Walzt er stärker, schneller.

Die Motore unterm Boden rattern,
Von den Leitungsdrähten knattern
Funken.

Scharf vorüber an Laternen, Frauenmoden,
Bild an Bild, Ladenschild, Pferdetritt, Menschenschritt
–
Schlitternd walzt und wiegt der Wagenboden,
Meine Sinne walzen, wiegen mit!:
Voller Strom! Voller Strom!

Der ganze Wagen, mit den Menschen drinnen,
Saust und summt und singt mit meinen Sinnen.
Das Wagensingen sausebraust, es schwillt!

Plötzlich schrillt
Die Klingel!–

Der Stromgesang ist aus –
Ich steige aus –

Weiter walzt der Wagen.

Lokomotive

Da liegt das zwanzigmeterlange Tier,
Die Dampfmaschine,
Auf blankgeschliffener Schiene
Voll heißer Wut und sprungbereiter Gier –
Da lauert, liegt das langgestreckte Eisen-Biest –
    Sieh da: wie Öl- und Wasserschweiß
Wie Lebensblut, gefährlich heiß
Ihm aus den Radgestängen: den offnen Weichen fließt.
Es liegt auf sechzehn roten Räder-Pranken,
Wie fiebernd, langgeduckt zum Sprunge
Und Fieberdampf stößt röchelnd aus den Flanken.
Es kocht und kocht die Röhrenlunge –
Den ganzen Rumpf die Feuerkraft durchzittert,
Er ächzt und siedet, zischt und hackt
Im hastigen Dampf- und Eisentakt, –
Dein Menschenwort wie nichts im Qualm zerflittert.
    Das Schnauben wächst und wächst –
Du stummer Mensch erschreckst –
Du siehst die Wut aus allen Ritzen gären –
    Der Kesselröhren-Atemdampf
Ist hochgewühlt auf sechzehn Atmosphären:
Gewalt hat jetzt der heiße Krampf:
    Das Biest es brüllt, das Biest es brüllt,
    Der Führer ist in Dampf gehüllt –
Der Regulatorhebel steigt nach links:
Der Eisen-Stier harrt dieses Winks!:
    Nun bafft vom Rauchrohr Kraftgeschnauf:
    Nun springt es auf! nun springt es auf!

    Doch:
Ruhig gleiten und kreisen auf endloser Schiene
Die treibenden Räder hinaus auf dem blänkernden
Band.
Gemessen und massig die kraftangefüllte Maschine,
Der schleppende, stampfende Rumpf hinterher –

Dahinter – ein dunkler – verschwimmender Punkt –
Darüber – zerflatternder – Qualm –

Die Fabrik

Düster, breit, kahl und eckig
Liegt im armen Vorort die Fabrik.
Zuckend schwillt, schrill und brutal
Aus den Toren Maschinen-Musik.

Schlot und Rohr und Schlot und Schlot,
Heißdurchkochtes Turmgestein,
Speien dickes Qualmgewölk
Über traurigstarre Häuser, Straßenkot.

Tausend Mann, Schicht um Schicht,
Saugt die laute Arbeits-Hölle auf.
Zwingt sie all in harte Pflicht
Stunde um Stunde.

Bis der Pfiff heiser gellt:
Aus offnem Tore strömen dann
Mädchen, Frauen, Mann und Mann –
Blasses Volk – müde – verquält –

Schläft der Ort –: glüh und grell
Schreit aus hundert Fenstern Licht!
Kraftgesumm, Rädersausen, Qualm durchbricht
Roh und dumpf die Nacht –

Tag und Nacht: Lärm und Dampf,
Immer Arbeit, immer Kampf:
Unerbittlich schröpft das Moloch-Haus
Stahl und Mensch um Menschen aus.

Alles zu Allem

Es wächst und wächst das Eisen-Netz:
Der parallelen Schienen,
Nach der Entwicklung Muß-Gesetz
Kommt über Brücken, Minen,
Zug um Zug in Dampf!

Es pflügen Dampfer mehr und mehr
Die Flutenwege offen.
Der Dock-Schoß wird von Kielen leer:
Vom Vorwärts-Drang getroffen
Kommt Schiff um Schiff zum Meer!

Es wächst vom Boden Turm um Turm:
Fabriken, Haus, Kaserne,
Es wühlt und wühlt der Straßenwurm
Den Asphaltweg zur Ferne:
Kommt langsam Stadt zu Stadt!

Ein Menschenstrom wälzt breit und breit,
Bewehrt mit Axt und Pfosten,
Durch Wasser, Land und Land und Zeit,
Von Süd nach Nord, von West nach Osten:
Kommt einend Mensch zu Mensch!

Und Quell wird Fluß, und Fluß wird Bord:
Und jede Stunde: Fahrzeit,
Und Meer wird Land, und Land wird Ort:
Und Kind wird Mann und Arbeit:
Kommt Alles und Alles zu Allem!

Die Stadt lebt

Um die Großstadt sinkt die Welt in Schlaf.
Felder gilben, Wälder ächzen überall.
Wie Blätter fallen draußen alle Tage,
Vom Zeitwind weggeweht.

Die Stadt weiß nichts vom bunten Aufschrei der Natur,
Vom letzten aufgepeitschten Blätterwirbel,
Die Stadt hört nicht von Berg und Stoppelflur
Den trauergroßen, herben Schlafgesang.

Ob Ebene und Wald in welkes Sterben fallen,
Ob draußen tost Vergänglichkeit,
Im Stadtberg brüllen Straßen, Hämmer hallen:
Die Lärmstadt dampft in Unrast ohne Zeit.

Gott braust

Weißt du, was die Mittags-Straße schüttert, lebt,
Wenn chaotisch tausend Lebenstakte schlagen
Aus den Menschen, Häusern, Pferden, Wagen?
          Gottesrhythmus!

Weißt du, was des Nachts das müde Haus durchbebt,
Wenn der Mondlichthimmel auf die Stadt gesunken?
Was die Straßen sausen unter Sternenfunken?
          Gottesrhythmus!

Unaufhörlich drangvoll, fluten, beben
Rhythmusströme durch die Stunden um dich her,
Schwellen, wellen über dich zu Einem Meer:
          Gottesrhythmus!

Und du selbst, du Mensch in diesem Herzschlag-Leben,
Von Tränen überspült, vom Straßenbraus gepackt,
Bist der höchste Rhythmus, vollster Blutstrom-Takt:
          Denn in Dir ist Gott!

Die Ahnen des Hauses

Ziegelstein an Ziegelstein mit Kalk und Schweiß ge-
klebt –
Rote, weißgefugte Mauer über Mauern strebt –
Winden knirschen – Hände heben, fassen –
Axtschall – roher Dachstuhl – Richtfestbier –
Tür und Fensterglas ward eingelassen –
So wuchsest du in dieser Straße hier:

Kummergraue, fünfstockhohe Mietskaserne.
Achtzigfensterbreite, mit dem Gärtchen schmal davor,
Mit dem Eisentor, der trüben Flurlaterne –

Du Haus, das Jahr um Jahr vom Sonnenprall bemalt,
Von Hagelschnee und Regensturz beträuft, bestrichen,
Von Dämmerung umrauscht, von Winternächten über-
schlichen,
Vom Mond, von Gaslaternenschein bestrahlt –
Von Wagenfahrt erschüttert und von Straßenbraus,
Von Kinderschrei, von Werkstattlärm durchzittert,
Von Sterbezimmerschweigen schwül durchwittert –
Du, des kleinen Lebens und des großen Todes Haus.

Wer hat nicht diese Dielen, diese Schwellen schon be-
schritten,
Hinter diesen Türen Sorge oder Liebe schon gelitten,
Am Küchentisch das karge Brot gebrochen,
Aus Zeitungen von Krieg und Politik gesprochen –

All des Alltags Wandrer, die hier eingezogen:
Arbeitsmann und junges Weib;
Rentnerpaar, verarmt, vom Leben nur betrogen,
Mit stillem Sinn, erloschnem Leib;
Handwerksmeister mit den sieben lauten Jungen;
Schreiber, Händler, Lehrerstochter, die so gern gesun-
gen – –

Wieviel schwarze Särge sah man auch hinunter schleppen.
Wieviel neue Mieter, neue Menschen kamen;
Trugen Möbel, stiegen über diese Treppen,
Andere Familien, andere Gesichter, andre Namen.
Von deren Glück und Fluch und dringlichem Gebet
Der Schatten noch in diesen Räumen weht.

Geist der Väter, die hier feierabendlich versammelt waren,
O Geist der herben Mütter, die in diesen Wänden Kinder einst gebaren,
Kleinkindergeist ins graue Licht der Not gezwängt –
Beschirmt uns unter diesem Dache, da wir wohnen,
Die wir, wie ihr auch einst mit Schweiß und Kraft der Arbeit fronen;
Seid Ahnengeist, der mit Zufriedenheit beschenkt
Und tiefe Schlummernächte nach dem schweren Tage senkt.

Und segnet uns das Brot, das heiß erworbene,
Ungekannte, fortgezogne, still verstorbne
Menschengeister dieses Hauses.

Der Zwerg

Hang an Hang, und Hang an Feld und Felder,
Strauch an Baum, und Wald an Wälder,
Tal an Berg und Tal an Berg:
Erden-Weite-Breite rundherüberall:

Und der Mensch, der Zwerg:

Tappt verschüchtert,
Geht ernüchtert,
Stolzt voll Dünkel hier und dort,
Schürft sich Lehm und backt sich Ziegel,
Häuft aus Mauern, Dächern seinen Ort.
Schließt mit Schloß und Riegel
Sorgevoll sein Haus,
Klopft und bohrt darin herum –
Dünkt sich klug und andre dumm –
Geht kaum aus der Straße raus – –

Draußen reiht sich Feld an Feld:
Draußen weitet sich die Welt:
Ungeheure Runde!

Der alte Mann

Das Haus wuchs hoch
Im Stadtgewog.
Hinauf – hinaus der Mieter zog –
Geht alles seinen Gang.

Die Nacht vergeht,
Der Lärm ersteht.
Der Herbstwind nach dem Sommer weht –
Geht alles seinen Gang.

Der Junge lärmt.
Ein Weib sich härmt.
Der alte Mann die Hände wärmt –
Geht alles seinen Gang.

Ist Alles Wechsel ohne Ende,
Im Lebensjahr, im Schutz der Wände.
Geht alles seinen Gang –
Wie lang?

O göttliche Benommenheit

Verstreute Menschen gehen
Im feuchten Regenwehen,
Vorstadtgärten rauschen,
Wolken sinken, bauschen
Sich. Ein Karren rollt am Zaune hin –
     Ich kann nicht anders: ich muß sehen, muß lau-
schen,
        Ich weiß nicht, wie ich bin
        In diesem Allen –

Mein Gott, du flutest mit dem Wehen in mein Ohr,
Du lachst im Trällern der Kinder da am Gartentor –
Du willst dies Leben: diese Bilder, dieses Rauschen
In mich für meine Seele tauschen!
So ström' ich mit dem Orgeln dieser Landschaft hin –
     So kann ich nicht anders: ich muß mich berau-
schen,
        Daß ich nicht weiß, wie ich bin
        In diesem Allen.

Dreizehn Jahre alt

Wie du im Abendqualm
So einfältig an mir vorübergehst,
Tauchst du in meinen Gleichmutblick den deinen –
Den deinen,
Der in dem mageren Gesicht wie eine Frage,
Wie feuchter grauer Schimmer schwimmt –
O unbewußte Mädchenklage –
Dein Auge fragt – dein Auge glimmt –

Du hast so sehnsuchtmagere Glieder,
Du trägst noch zopfgeflochtene falbe Kinderhaare,
Du hast so aufgeschossene Glieder,
Du bist wohl dreizehn Jahre alt – schon dreizehn Jahre
–
Du trägst das blaugepunkte kurze Kleid
Aus Waschkattun,
Du gehst in lächerlichen Kinderschuh'n –
Du steckst noch ganz in Kindlichkeit,
Doch dein Auge – dein Auge allein ...

Doch gehst du wie in trübem Bangen,
Doch gehst du so befangen –
Ich weiß, es weht der Frühjahrswind –
Die Luft ist dunstigblau, blütenlind –
Du möchtest gern dich selbst erlösen –

Geh weiter – weiter, kleines blasses Kind –

Katzen

Bleib noch länger goldnes Dämmern –
Wie wird der Tag schon matt und blauer –
Verstummt ist Lärm und Werkstatthämmern.
Die Nacht liegt auf der Lauer –

Der Schlüssel schließt die Häusertore.
Nun Wandrer meide die dunkle Mauer –
Das Licht ist aus – es klingt im Ohre –
Liegen Strolche auf der Lauer? –

Hinauf die knarrenden Windeltritte.
Die Gasse wäscht ein Regenschauer.
Bald nahen im Schlafe weiche Schritte:
Der Traum liegt auf der Lauer –

Schlummermelodie

Hängt ein Stern in der Nacht,
Irgendwo –
Irrt ein Herz durch die Nacht –
Irgendwo –

Saust Wind im Wald,
Irgendwo –
Eulen-Schuhu hallt
Irgendwo –

Blüht ein Wunderbaum
Irgendwo –
In einem Traum –
Irgendwo –

Hängt ein Stern in der Nacht,
Irgendwo –
Golden ist der Mond erwacht –
Irgendwo –

Irgendwo –

Wie bin ich heute selig

Ich pfeife schon den ganzen Morgen
Und döse für mich hin.
Die Sonne ist in Regenluft verborgen –
Doch irgendwas erheitert meinen Sinn.

Die Menschen sehn heute anders aus,
Das Zeitungsmädchen hüpft so niedlich, –
Die lange Straße, Haus an Haus,
So regengrau – und schläfert doch so friedlich.

Was gestern hier lärmte, roh und fuselkehlig,
Das ist heute alles stumm. –
Wie bin ich heute selig –
Und weiß doch nicht warum –

Ihr lieben Leute, ich schalt euch: unausstehlich,
Fluchte manchmal, schalt euch: schlecht und dumm,
Vergebt mir heute, ich bin so selig
Und weiß doch nicht warum.

Ich weiß: Ich bin ein Leben

Über Wiesen, die am Stadtrand liegen,
Geh ich mit erfreuten Sinnen hin,
Drosseln schnarren – Wolken fliegen –
Im Sausewinde rauschen, biegen
Sich die Hecken – grüne Gräser wogen, wiegen –
Und es schnarrt und saust und rauscht und wiegt in
meinem Sinn
     Ich weiß, ich bin, ich bin!

Drüben von den hohen Schornsteintürmen flattern
Qualm-Fahnen über meine Lärm-Stadt hin:
Menschenvolle Straßenbahnen rattern
In der Ferne, Automobile knattern
Hart vorbei: es stampft und walzt in meinem Sinn:
     Ich weiß, ich weiß, ich bin!

Aus Lärm und Laub, aus meinem Schritt, aus Wolken-
schweben,
Aus Millionen Wesen, die mich Mensch umbeben:
Verströmt ein frohverwandtes Aufwärtsheben,
Verströmt mir sausend in den Sinn:
Ich weiß, ich bin mit euch ein Leben!
     Ich weiß, ich weiß: ich bin! ich bin!

Von nun ab geh ich durch die Häuserstraßen-Enge,
Die übervoll von Schritten, Hufen, Straßenbahn-
Gebimmel,
Von nun ab geh ich durch die Promenaden-
Menschenmenge,
Durch das frauen-, früchtebunte Wochenmarkt-
Gewimmel,
Durch den Wald, durch Baum-Gedränge,
Durch die Morgen-, Mittagsstunden:
Wie mit elektrisiertem Leibe hin!
Ich freue mich, daß ich von Leben überall umbunden,

Daß ich zu diesem frohen Stolz gefunden:
    Ich bin!

Der Briefbeutel

Träge schwimmt die Straße in den Abend.
Radfahrer klingeln,
Ein Droschkengaul prustet trabend,
Straßenlang übergießen, umzingeln
Lichter die Abendgänger.
Die Straße tönt weicher und bänger.

Drüben am Hause klappt ein Postradfahrer
Den Briefkasten zu.
Wirft den Beutel mit Feierabendruh
Auf sein Rad –

Mensch! Du! Du!
Du Schicksalsbewahrer!
Du Weltbote der Stadt!
Siehst du nicht, wie der Beutel schwillt,
Wie er quillt, wie er quillt?
Ein Brandbrief lodert in ihm auf,
Ein Liebesbrief schreit rot und geil,
Ein Händler ladet ein zum Kauf,
Ein Schuft hält seine Ehfrau feil,
Ein Erpresser der Schwarzhand droht,
Einer schließt ab auf tausend Stück Brot,
Einer knüpft sich um den Hals ein Seil,
Ein Neugeborener kräht und strampelt, krebsrot,
Eine Mutter, eine Mutter ist tot –

Ich kann dies Wirbeln nicht fassen, –
Und du, du trödelst da so gelassen!
Mensch! du bringst in alle Türen
Freudeschüren
Oder todschweren Sinn! Um dich herum gärt Geld-
und Leiberkampf,
Um dich stürzt alles Schicksal hin!
Klingelnd radelt der Bote stadthin,
In den Straßendampf –

Ich klopfe mit dem Schallwort-Hammer

Ich geh umher und klopfe –

Ich klopfe mit dem Schallwort-Hammer
Dir, Postbeamter, an die Schalterscheiben:
Nun höre, höre, laß dein Kritzelschreiben!

Ich geh umher und klopfe –

Ich klopfe mit dem Schallwort-Hammer
Bei dir, du Mädchen, an, wenn alle schlafen:
Nun zünde Licht, nun hör und laß das Schlafen!

Ich geh umher und klopfe –

Ich klopfe mit dem Schallwort-Hammer
Dir, Bäckermeister, auf die Kauftisch-Platte:
Nun laß die Groschen, sieh zu *meinem* Blatte!

Ich geh umher und klopfe –

Ich klopfe mit dem Schallwort-Hammer
Dir, Gartenwärter, auf den Reiserbesen:
Nun fege nicht, nun fange an zu lesen!

Ich geh umher und klopfe –

Ich klopfe mit dem Schallwort-Hammer
Dir, Tageblatt-Verkäufer, auf die Blätter:
Nun sieh auf meine neue Zeitungs-Letter!

Ich geh umher und klopfe –

Ich klopfe mit dem Schallwort-Hammer
Dir, Arbeitsmann, die Feierabend-Hände:
Nun hör, und gierig Blatt um Blätter wende!

Ich geh umher und klopfe –

Ich klopfe mit dem Schallwort-Hammer
Bei dir, du Fraue, auf dem Fenstersitze:
Nun hör und hör und laß die Häkelspitze!

Ich geh umher und klopfe –

Ich klopfe mit dem Schallwort-Hammer
Euch an die weiche Schläfen-Kammer,
Euch allen an das Trommelfell,
Bald liebesmild, bald stark und gell:

Dir, Bäcker, bring ich neues Brot,
Dir, Blatt-Verkäufer, neue Zeitung,
Dir, Schreiber, neues Angebot,
Euch, Arbeitsmännern, neue Weitung,
Dir, Gartenwärter, neues Laub,
Dir, Mädchen, rede ich von Liebe, –
Euch allen bring ich meinen Raub
Aus Jahr- und Kopf- und Stadtgetriebe!
Ich klopfe mit dem Schallwort-Hammer
Euch allen an die Hirnes-Kammer.

Ich geh umher und klopfe –

Seele

Straßenbahnschienen klirren,
Hundert Menschen umschwirren,
Fabriken umrauchen dich,
Im Ohre gellt dir: – Messerstich,
Geschäft, Diebstahl, Geld, Brand –
Wände stürzen über dir ein:
Du verkümmerst, wirst klein und gemein –
          Hinaus!
Hinaus aufs Land!

Ich will heraus aus dieser Stadt

Ich weiß, daß Berge auf mich warten,
Draußen – weit –
Und Wald und Winterfeld und Wiesengarten
Voll Gotteinsamkeit –

Weiß, daß für mich ein Wind durch Wälder dringt,
So lange schon –
Daß Schnee fällt, daß der Mond nachtleise singt
Den Ewig-Ton –

Fühle, daß nachts Wolken schwellen,
Bäume,
Daß Ebenen, Gebirge wellen
In meine Träume –

Die Winterberge, meine Berge tönen –
Wälder sind verschneit –
Ich will hinaus, mit Euch mich zu versöhnen,
Ich will heraus aus dieser Zeit,

Hinweg von Märkten, Zimmern, Treppenstufen,
Straßenbraus –
Die Waldberge, die Waldberge rufen,
Locken mich hinaus!

Bald hab ich diese Straßenwochen,
Bald diesen Stadtbann aufgebrochen
Und ziehe hin, wo Ströme durch die Ewig-Erde po-
chen,
Ziehe selig in die Welt!

Dorfabend

Fenster schließen, glimmern stille,
Häuslein rücken Dach an Dach,
Himmel stehen feiernd stille,
Mond wird Silberfrucht und wach.
Müder Leib schläft in der Stille,
Herz schlägt alle Stunden nach,
Lebt für sich durch Schlaf und Stille –
Wohin denn? wozu? aus wessen Wille?
Lautlos, langsam fallen Wand und Dach.

Verlorenheit

Und jeder Nacht, die dem Vergangnen eingeborgen,
Folgt ein Morgen.
Neue Tage breiten sich auf allen Wegen
Plötzlich dir entgegen:
Brausen hell, umstürzen dich.
Vorbei. Verdunkeln sich;
Und lassen dich im ungewissen Heut.
Und wieder folgt ein Morgen –
        Und eine Frage dräut:
                Wohin?!

Ich möchte hundert Arme breiten

Ich möchte in dir hochwellen,
Grüner Baum!
Ich möchte treibfroh in deinen Markzellen
Aufschwellen
Bis in den Wipfeltraum
Lichtoben –

Ich möchte in die Lichtweiten
Hundert Arme breiten
Wie Zweige –
Armzweige mit Blätterfingern
Und dann fühlen, wie Mittagsgluten,
Wie Lichtfluten
Durch sie schlingern –

Ich möchte aus deinem Wirbelkopf,
Lebensbaum,
Aus dem Laubtraum
Wie Lichtgetropf,
Wie Windsingen
Mich aufschwingen
In den Weltraum!

Brand

Wie lange soll dies Wüten dauern?
Wie lange halten dieses Leibes Mauern?

Soll nicht der Zweifel mit irrer Hand
In dieses Haus, von Glut durchschwült,
Von Drang durchwühlt,
Von Leidenschaft wild durchglüht,
Den Brand
Schleudern, daß die Flamme aus dem Giebel sprüht?

Der Mann spricht

Du Weib bist Schale nur und Spiegel
Der Taten, die mein Hirn erzeugt,
Denn nur durch meines Kopfes Tiegel
Das All nach Immer-Formung keucht.
Ich bin der Mann, ich bin der Wille,
Und du bist Weib und bist die Stille –
Du bist die Ader, bist die Stirn,
Doch ich bin Blut und heißes Hirn,
Ich bin der Keim in deinem Schoß:
Ich sprenge ihn ganz mitleidlos.
                    Doch:
Bin ich auch Schrei und du nur Kehle,
Bin ich Orkan und du nur Ruh:
So bist du Leib doch meiner Seele:
Und Mensch bin ich und Mensch bist du!
Und nur als Eins sind wir Vollendung:
So wächst in unserm Einen Schoß
Mein Schöpferdrang in Taten groß:
Und du bist Werk und Alles-Endung.

Wenn du kämst? Wenn du kämst!

So sitze ich auf dem Sofa im Dunkel
Und sinne –
Langsam verschwellen, verengen sich die Wände –
Die Decke sinkt –
Die lackierte Tür in der Ecke blinkt
Sonderbar – –

Mir ist, als wenn wer vor der Tür stände –
Als wenn scheue Hände
Klopfen wollen – –?

Der Fußboden schwankt –
Die Tür wankt – –
Die Tür! – Die Tür ist dunkel aufgequollen:

Da! Du kommst herein!
Geliebte!
Geliebte von Einst –

Ich kann nicht aufstehn!
Ich kann nicht schrei'n!
Ich kann nichts mehr sehn! –

Die Wände stürzen dunkel ein –

Zu viele Menschen, zu viele Straßen

... denke so – daß du mit vielen Leuten
Durch die Straßen gehst –
Vor diesem Laden da stehst –
Unter vielen, fremden Leuten –

Daß du im Alltagseinerlei
Im Menschenrudel
Durch die Straßenstrudel
Dahingetrieben – –
Immer an mir vorbei – –

... denke so – daß zu viele Menschen
Durch die Straßen gehn –
Daß die Straßen alle auseinander zweigen –
Daß
Wir uns nie im Abendschweigen
In Einer Gasse wiedersehn.

Der Wanderer im Schnee

Steh auf, steh auf!
Ich bin die ganze Nacht im Schnee gegangen –
Die müden Häuser lauschen mit im Bangen,
Nur die blinden Straßenlichter wachen –
Steh auf, und laß uns Hochzeit machen!

Wie lange hab ich meinen Durst ertragen,
Ließ Tage, Städte weiterjagen.
Doch Sehnsucht hat mich hergetrieben –
Ich kann doch dich nur lieben.
Wie kann mich Schlaf zufrieden laben –
Ich bin von weit durch Nacht und Schnee gekommen,
Durch dieselben Gassen hergeklommen,
Und will dich wieder, wieder haben!

Steh auf, steh auf, die Stunden dringen!
Reiß die Gardinen auf und zünde Licht,
Steh auf, ich will die Hochzeit bringen! –
          Hörst du, hörst du denn nicht?

Der ewige Herzklang

Einsam im Zimmer klopft ein Herz
　　　　Immerzu.
In einem Gartenbaum schwillt ein Herz
　　　　Immerzu.
In allen Häusern schlagen Herzen
　　　　Immerzu.
Durch tausend Straßen wandern Herzen
　　　　Immerzu, immerzu.

Von Halm zu Halm durch Felder,
Von Baum zu Baum durch Wälder,
In Schiffen, Bahnen, Saaten,
In Stadt und Städten, Staaten:
Klopfen, tanzen, tönen Herzen
　　　　Immerimmerzu!

Und Du, du Mutter-Erde-Sohn,
Hörst du deinen Herzens-Ton?
Hörst aus Milliarden Dingen
Einen Herzklang um dich schwingen?:
Horch! in Allen Herzen braust die Welt!
　　　　Immerzu!

An die Mutter in Seattle

Weit übers Meer her schlägt mir, Mutter,
Dein Herz entgegen –
Wie müssen alle Weiten sich bewegen
Vor deinen Herzenswellen.

Dir strömt, immer kindlich und gut,
Mein Blut wie am Anfang –
Immer wie einst rinnt
Durch mich der ewige Klang,
Dein Muttergesang:
Du, mein Kind!

Schon hebt sich, langsam wandelnd,
Die Stunde, die starker Rührung voll,
Uns wieder zueinander bringen soll!
Schon zittert Freude durch die Weiten –
Schon fühle ich dein Herz herüber gleiten,
Mutter –

Bald kommt der Augenblick
Voll wunderbarer Strömung,
Da ich, ein Kindlein, Mutter,
Wieder zu dir sinke –
Freude will in mir lallen –
Eine Träne wird fallen –
Bald, Mutter, bald!

Allheimat

Könnt' ich mich lösen vom starren Gebein,
Von erdegeborener Schwere:
Könnt' ich in Lüften eine Wolke sein, –
Ein Funkeln im Sternenheere –

Könnt' ich zerbrechen den drückenden Zaum,
In Licht und in Brausen verfließen:
In rollende Wogen, in stürzenden Schaum
Die dürstende Seele ergießen –

O könnt' ich in rauschendem, rasendem Spiel
Im Sturm sein ein seliger Reiter:
Ich wüßt' nicht wohin – ohne Maß, ohne Ziel
Immer weiter, immer weiter – –

Der Töneschichter

Er saß im Urgebraus am Chaosmeer
Zur Nacht, zur Nacht,
Sein Auge war von allen Dingen schwer:
Voll Zeugungsnacht –

    Da warf er seinen Becher in die Flut,
Die Flut war schwarz und tief und tief,
Er hob ihn wieder: voll von rotem Blut
Und trank und warf ihn wieder tief –
        Er trank sich voll und übervoll
        Bis ihm die Seele überschwoll:
        Da strömte wild aus seiner Kehle
        Ein Flutgesang:
        Von Erd- und Leibespracht,
        Von Mensch- und Weiten-Zeugungsnacht,
        Vom Hirn und von der großen Liebesseele –

Dann kam die allertiefste Nacht
Und schwer der All-Schlaf.

Beethoven

Es traf mein Ohr ein Machtposaunenton,
Ich sprang zu dem, was meine Sinne hörten:
Es war, als wenn wo Saurushirsche röhrten,
Es war so seltsamgroßer Grollerton –
      Da stand Er! stand ein Mann auf höchster Spitze!
Da blies Er, mächtig, mächtig wie voll Zorn
Vom lichtgehüllten Wolkendonnersitze, –
      Mein Hirn war ob des Wunders ganz verworrn –
      Ich lag mit offnem Munde
      Am tiefen, tiefen Grunde –
Der Ton noch dicker quoll und schwoll und schwoll:
Mein Grund fing langsam an zu wanken,
Der Wolkenmensch dort oben blies wie toll,
Ein Zittern hob des Berges Flanken
      Und schwarze Wolken krallten sich hochoben
fest
Und Sturm begann am Fels zu wühlen,
Als wollte er den Mann
Von seiner Riesenkanzel spülen,
Und alles Licht ward jäh vom Dunkel fortgepreßt,
Und drohend rührten sich die Donnertrommeln –
      Doch fest stand hoch der Weltentöneschichter:
      Er brüllte rasendlauter durch den Trichter –
Noch grauser schwoll das finstre Rommeln –
      Der Riese aber blies –
Da brach am Berg der erste Donnerkrach,
Und Ein Blitz sprang ihm nach
      Und hieb
      Den Mann vom Felsen!

Die Tuba sprang
Der Himmel sprang
Das Allgeschrei in Nacht ertrank – –
      Ich weiß nicht mehr, wo alles blieb.

Nachtsegen

Herrlich ist die Nacht erblüht,
Von jedem Blinkstern sprüht
Ein Himmelstropfen –

Die dunkelschwere Schweigestadt
Schläft friedlich, tagessatt,
Unter Himmelstropfen –

Die ganze Stadt ist überregnet
Vom Licht, das alle Schläfer segnet
Diese Nacht.

Eurydike

Orpheus! Orpheus! zerstrahle die Schatten,
Brich leuchtend zu mir!
Orpheus! mein Herz will ermatten –
Mein Herz schreit nach dir!
Orpheus!

Geliebter! Strahlender! die Nacht, die Nacht
Droht; finsteres Wehen!
Geliebter, ich sinke! ich sinke in Nacht,
Ich kann dich nicht sehen –
Orpheus?

Geliebter – hörst du mich rufen?
Die Nacht wühlt mich zu –
O, ich kann nicht – mehr rufen –
Orpheus, wo – bist – du?
Wo – bist – –?

Wirbal (mit dem Blutspeer)

Von Bläue und Wolkenschatten durchdunkelt,
Von flirrenden Sternen durchfunkelt,
Schwelt sausend und sacht
Die Weltraum-Nacht –

Da kommt über Wolkenwogen
Ein flimmerndes Singen geflogen,
Tropft und tropft Klang um Klang
Ein Sphärengesang
In die Nacht –

»O du und wir – du und wir –
Du bist in der Nacht und bist doch nicht hier –
O Wirbal, du Gottheld der Liebe,
Du Allüberrager,
Wo glänzt dein Auge, wo ist dein Lager?
Wir dürsten nach dir,
Kämpfer und Wager,
Und nach Liebe –«

Da schweben wie mit nächtlichen Schwingen
Die suchenden Frauen aus düsterer Ferne
In den Sprühlichtregen der Sterne –
Da gleitet im Leuchten der leuchtende Chor –
Nun wieder ein Singen,
Einer Stimme Singen:
»O Wirbal, du, den ich erkor,
Den ich am Anfang besaß –
Und wieder verlor, wie müd ist mein Tanz,
Wie leer meine Nacht,
Kein Glutblick, der mir lacht,
Kein Arm, der mein Blühen entfacht,
Nicht du, allgroßer Glanz –
O sternlichtbetauter,
Nachtlockenumblauter

Glanzgott
Komm!«

Die Klage verirrt – – –
Ein Sprühkomet schwirrt
Hochoben – – –

Sieh! da kommt ein Feuer!
Hör, da kommt ein Fauchen!
Da kommt ein Neuer!
Seinem Reitroß rauchen
Die Nüstern –
Wirbal!
Wirbal!

Die Jungfrauen flüstern –
Da beginnt in glutschwerem Baß
Der riesige Reiter zu singen:
»Du Eine, die du riefst,
Die du sangst und nicht schliefst,
Ich bin der übernächtige
Liebesmächtige,
Den du suchst.
Komm, du Tanzschmächtige,
Von Sehnsucht verstört,
Dein Lied ist erhört,
Erlösung wird dein.«

Singt wieder die Eine allein:
»O Wirbal, Wirbal ich kann nicht mehr singen,
Mein Herz will springen, –
Mein Herz will ich dir bringen – –
Dein Speer glüht so rot –«
»Du bist liebesstark, sei bereit,
Daß ich dich löse aus Sphärenzeit
In Aeonenseligkeit!
Ich bin der Liebestod!«

Da wankt die Eine und haucht: »ich will« –
Dann lachte sie selig und war ganz still – –

Da stieß er ihr den Stahl ins Herz,
Sie hat nicht geschrieen vor Schmerz –
Erlöst war ihr Herz – –
Der Speer tropfte blutrot – –

Der Blutspeer hat das Herz durchschnitten –
            In der Nacht –
Der Chor ist tot tief ab geglitten
            In die Nacht –
Der Riese ist finster zurückgeritten
            In die Nacht – in die Nacht.

Die Frauen gehen an Don Juan vorüber

Geh! Weib!
Deinen Leib,
Dein Wort,
Was du denkst:
Kenne ich längst!
Geh fort!

Du mit dem Glutblick,
Du Schwarze erschrick:
Ich spei dich an!
Ich lache deiner Liebe, –
Weißt ja, Triebe
Hat der Mann.

Dir hab ich frech das Herz entblößt
Und holden Wahnsinn eingeflößt;
Und dein Blut war wie Gärwein flüssig; –
Auch du warst einst für mich entbrannt,
Doch glaub, du warst mir Tand.
Ihr wart mir Alle, Alle überdrüssig!

Mehr, mehr! schneller vorbei!
Du Blonde, du Donna, du Annamarei!
Daß endlich die endlose Kette
Ein Ende nimmt –
Wieder, wieder zuckt ein Mund, glimmt
Ein Blick vorbei –
Kommt nur, ihr andern aus der Ferne:
Du, wie zittern deine Augensterne;
Du mit dem Mundrubin – hah! ich kenne euch nicht!
Doch, Weiber, ihr, schön und verflucht,
Wo ist die, die ich meines Lebens Ewigkeit gesucht?
Wankt doch die Eine schon im Licht? –

Ich hebe wieder mein verwüstet Herz
Zu neuer Sehnsucht, neuem Schmerz:

Ich sehe selig den verklärten Leib
Der Einen, der sich meine Adern weiten,
Den Strahlenweg hernieder gleiten –
Komm! Du! – Komm, Weib!

O Tehura

Hier sitz ich in dem engen windetreppenhohen
Steinstadt-Zimmer.
Ich möchte raus aus diesem rohen
Straßenleben, diesem Grünzeugmarkt-Gewimmer –
Fort von diesen Tanten, diesem Schwäher –
Ich, der lärm- und werkdurchfurchte Europäer,
        O Tehura –

O Tehura! Weit zu deinem Südseeriffe,
Wo noch Krater in die Wolken brüllen,
Wo die Menschen nur in Sonnendunst sich hüllen,
Gleiten, gleiten meine weichen Sehnsucht-Schiffe –
        O Tehura –

Wenn ich bei dir säße, sagte: sing!
Und du zupftest die Zweisaitenlaute:
Kling-zum, kling-zum, ping – –
Wenn mir vor den bösen Urwelt-Göttern graute,
Vor den flammendgroßen Keulentaten,
Vor den Sternfall-Feuersaaten,
Die du monoton mir singst –
Kling-zum, kling-zum, pings –
        O Tehura –

Zuckendsummend rollen Wogen zu mir auf –
Sind das nicht die blütenblauen Glitzerwellen?
Zuckendsummend brandet Lärm-Gerauf,
Schwere, trübe Tönemasse
Aus der dunklen Gasse. – –
        O Tehura – Es brodelt schon der Menschen
Arbeits-Morgen:
Er dröhnt und schlittert durch die Straßentiefen,
Gierig warten meine Europäersorgen,
Die nur nächtlich kurz verschliefen – –
        O Tehura –

Manchmal wieder, wenn die Stille singt,
Wenn der Abend von den Kirchentürmen klingt,
Denk ich irgendwo nach Pete, Honga-Sura –
Denke ich an dich, Korallenketten-Kind,
Bronzebraunes Südsee-Kind,
            Tehura.

Ich bin nur ein Tropfen

Ich kam aus den Meeren, ich kam aus der Sonne,
Ich kam aus dem Wind,
Die alle mir Urväter und Mütter sind;
Aus fallenden Zeiten, aus ewiger Nacht ein lallendes
Werde,
Ein schillernder Tropfen, ein hilfloses Kind,
Geworfen auf winzigen Fleck der Erde.
Ein Häuflein Jahre des Lebens,
Gefäß des Kummers und freudig flutenden Bebens,
Ein kreisendes Stündlein vor ewiger Zeit.
O halte, Weltanfang und -ende mich immer in Demut
bereit,
Ich kam aus den Meeren, aus Sonne und Wind,
Und bin nur ein Kind.

Ist es nicht immer genug:
Daß dich ein herbstlich verblutender Baum,
Hintaumelnder Vogelflug,
Entzündeter Abendwolken Schaum,
Ein schluchzend einfältiglich Lied,
Das über engende Höfe flieht,
In gottvolle Armut und Nacktheit entrückt,
Unendlich beglückt!

Weltfrühling

Hell und ziellos strömt mein Geist in die Weiten:
Freude grünt überall!
Wo ist der Wald, den ich nicht kenne,
Wo der Fluß, der mich trenne,
Wo Tag oder Nachtzeiten,
Die mich trennen vom All?

In manchem Traum
Hat mein Herz den Nil befahren;
In Zugvögelscharen
Flog meine Wandersehnsucht übermeer
Zur Rast in einen Palmbaum.
Mein Winterherz war schwer –

Nun liegt mein Haupt in Birmas Reisfeldern, –
Meine Füße plätschern im Grundwasser des Belt, –
Meine Hände wühlen in Frühlings-Bergwäldern
In Norwegen,
Und mein Herz hämmert voll Ursegen
Im Zentrum der Welt!

Meine Glieder blühen, die Fußwurzeln saugen;
Froh bin ich Frühling, stark bin ich Werde!
Ich mag an keinen Gott mehr glauben –
Ich hebe meine Grünländer-Stirn!
»Ich«! brandet es in meinem Stromgehirn,
»Mein ist die Erde«!

Nachtgedanken

Die Straße ist nun fast schon tot –
     Vorüber klappt, tappt ein Schritt –
     Das Echo hastet hallend mit.
Der träge Mond sieht dunstigrot
Auf grünes Gaslicht-Flimmern –
     Nun schlafen alle Menschen in den Zimmern.
Die Straße ist nun hohl und tot –

Die schwarze Schweigenacht hat sacht
Die Menschenstadt in schweren Schlaf gedrückt.
     Doch himmeloben wacht
So sonderbar verrückt
Der übernächtig träge Mond.

Die Stadt ist traurigtot – als wenn sie unbewohnt –
     Doch himmeloben glüht der Mond:
Doch himmeloben glühen große Leben
Über unsern dunstigdunklen Nachtschlaf-Sphären:
Ungeheure Stern-Schwärme schweben,
Prasseln, rasen, blitzen, und gebären
Aus sich selber immer neue Funken:
Millionen Sterne schweben, leben
Über unsrer toten Nacht.
Himmeloben brechen Feuerfluten aus Vulkanen,
Weltenkörper rasen krachend unermeßliche Bahnen.
Sonnenkörper-Splitter irren trunken,
Zitternd, splitternd in den All-Orkanen –

Und wir selbst –?
Wir winzigkleinen Schläfer,
Erstarrt im Stadtnacht-Schweigen:
Wir rollen, sollen mit im vollen Reigen!
Wir liegen fest in Schlafes-Ketten,
Bewegungslos, betäubt in unsern Betten,
In enger Schiffskabine,
In nachterstarrtem schwarzem Wahn –

Doch treibt und treibt die Erdenschiffs-Maschine
In steter Rase-Reise,
In unerfaßbar großem Kreise,
Uns durch den Weltraum-Ozean:
Durch die Nacht.

Blut-Strom

Pochend, pochend, fort und fort
Treibt die Lebensgas-Maschine.
Pochend, pochend, fort und fort
Treibt im Kreis die Herz-Turbine:
Durch das Lungen-Schwammgekräuse,
Durch des Hirnes Labyrinth-Gehäuse,
Durch die Leber-, Nieren-Schleuse,
Durch der Nährungs-Adern Vielkanäle:
Blutes roten Fluß. –
Weiter fließt der Fluß:
Schmilzt mit Lava-Glut die Aderschäle
Wellend, schwellend, fort und fort:
Springt als Ton: als Schrei, als Wort
In die Straßen-Dissonanz-Choräle,
Geht als Meter-Schritt auf Pflastersteinen,
(Tausendteiliger Druck von Allen Beinen)
Wächst als Arbeits-Griff, als Händedrücken
In das armgetürmte Steinhausblock-Gewirr,
Saust als Peitschenhieb auf Lastpferd-Rücken,
Schwillt als sichtbarwachsend Werk aus Werk-
Geschirr.
Pochend, pochend, fort und fort
Treibt im Kreis die Kraft-Maschine,
Pochend, pochend, fort und fort
Treibt im Kreis die Herz-Turbine:
Blut durch Leib- und Stadt-Atom. –
Fließt und fließt der warme Strom:
Fließt als Licht aus Bogenlampen:
Zischt als »Fertig-Pfiff« von Hochbahn-Rampen:
Schwerer Qualm aus Bahnsteighallen:
Kaufgeschwirr aus Warenhallen:
Stundenschall vom Kirchenturm:
Fließt als Wort vom Telefunken-Turm:
Wellend, schwellend, fort und fort. –
Siebzehn blutdurchdrängte Straßen-Stunden
Voller Lärm und Arbeits-Drang,
Siebzehn rotdurchströmte Körper-Stunden,

Siebzehn Kreislauf-Stunden lang:
    Pocht und treibt die Herz-Turbine. –

    Dann stellt die Alles-Hand
    Die Saug- und Speimaschine,
    Den Hebelschaft
    Auf zehntel Kraft.
    Es ruht das Kraftgewelle eine Nacht.
Doch früh beim Sechs-Uhr-Morgen-Pfiff
Verstellt die Hand mit großem Griff:
Das Herz- und Stadt-Getreib auf volle Macht.

Neuer Stolz des Weltmenschen

Hundert Straßen, angefüllt mit Menschenrotten:
Arbeitsmänner, Polizist, Kokotten,
Reinigungsmaschinen, die den Asphalt scheuern,
Straßenbahnen, Güterwagenflotten,
Die lärmend durch die Menschenfluten steuern,
Hundert Straßen kreuzen, queren sich,
Drangvoll, klangvoll rund um Mich!
Um Mich! – Ich bin ihre Mitte!

Tausend Eisenbahnen hasten,
Tausend Kiele mit beflaggten Masten,
Tausend Schiffe pflügen ihre Wasserreise,
Tausend Weltwerk-Städte dampfen, rasten
Weit um Mich im Riesenkreise!
Rasen, wühlen, lagern sich
Dampfstark, kampfstark rund um Mich!
Um Mich! Ich nur bin die Mitte!

Ozeane stürzen ihre Brandung,
Gletscher, auf der ewigstillen Wandrung,
Schieben ihre Eisflutsohle,
Tropen brüten ihre Urwaldsumpf-Gewandung,
Der Äquator da – und da und da die Pole:
Alles, Alles weitet, breitet sich
Stürmend, türmend rund um Mich,
Mich Alles-Mitte!

Mächtig strömt mir aus dem Erdedaseinkreise
Diese große Ich-Welt-Weise:
Ich bin der Pol, um welchen alles schwellt und gellt
Und kreist in kleinem und in ungeheurem Gleise:
Ich bin der Mittelpunkt, der Mittelpunkt der Welt!

Das Weltrad

Das Weltrad saust,
Ich sause mit!
Es schlittert, schleudert, rast, braust
Pfeifendschrill –
Ich schleudere, rase, brause mit
Weil ich will! weil ich will!

Ich geh täglich meine mühsamen Schritte,
Doch – zu wirbelndem Fluge
Im Zeit-Zuge
Reißt mich des Weltrades Kraftmitte
Vorwärts!

Das Weltradsausen singt,
Der unaufhörlich große Ton bezwingt
Mich in den Rasekreis:
Das ist mein Schicksalsbeschluß,
Das ist alles, was ich weiß:
Daß ich mitsausen,
Daß ich mitbrausen
Muß!

Weltgeist

Unter Tag und Tagen,
Tief, tief im Erdefleisch, wo kein Sonnlicht gleißt,
Tief in eingebohrten Schächten, vorgetriebenen Stollen,
Wo die Lämpchen wandern, Glocken schrillen, Hacken
schlagen:
Da lebt die Kraft, die Männermüh und Kohlenschollen,
Minenschüsse, Hämmern, Kohlenwagenrollen
Zu Einem dunklen, unruhvollen Rhythmus schweißt:
Der Weltgeist!

Und oben, wo im Hafen Lärm und Handel branden,
Wo der Handel Menschen, Geld und Güter durchei-
nander schmeißt,
Wo Docks und Hellinge Schiffsbauten umkrampfen,
Wo die Auslanddampfer Riesenfrachten landen, –
Oben, wo um die Großstadt tausend Schlote dampfen,
Wo Eisenzüge qualmend von Stadt zu Städten stamp-
fen:
Da rast die Kraft, die Alles in Einen Arbeitswirbel reißt:
Der Weltgeist!

Wo auf dem Flugplatz steigbereit die Äroplane liegen:
Angespannte Drähte sirren, der Propeller kreist
Immer schneller, plötzlich treibt das Schraubensurren
Den Lärmvogel schrägauf – fernhoch ist er schon im
Fliegen – –
Wo die Luftschiffe, die Riesenluft-Torpedos schnurren,
Sieghaft sicher näherkommend stärker, dumpfer knur-
ren,
Da steigt, da fliegt, da siegt über Erdenschwere der Un-
ruh-Geist:
Der neue Schönheit, neue Tatenwege weist:
Der Weltgeist!

Lied des Kohlenhäuers

Wir wracken, wir hacken,
Mit hangendem Nacken,
Im wachsenden Schacht
Bei Tage, bei Nacht –

Wir fallen und fallen auf schwankender Schale
Ins lampendurchwanderte Erde-Gedärm –
Die Andern, sie schweben auf schwankender Schale
Steilauf in das Licht! in das Licht! in den Lärm.
Wir fallen und fallen auf schwankender Schale –

Wir wracken, wir hacken,
Mit hangendem Nacken,
Im wachsenden Schacht
Bei Tage, bei Nacht –

Wir wühlen und wühlen auf wässernder Sohle,
Wir lösen vom Flöze mit rinnendem Schweiß
Und fördern zu Tage die dampfende Kohle.
Uns Häuern im Flöze ist heißer als heiß –
Wir wühlen und wühlen auf wässernder Sohle.

Wir wracken, wir hacken,
Mit hangendem Nacken,
Im wachsenden Schacht
Bei Tage, bei Nacht –

Wir pochen und pochen, wir bohrenden Würmer,
Im häuser- und gleisüberwachsenen Rohr,
Tief unter dem Meere, tief unter dem Türmer, –
Tief unter dem Sommer. Wir pochen im Rohr,
Wir pochen, wir pochen, wir bohrenden Würmer.

Wir wracken, wir hacken,
Mit hangendem Nacken,

Im wachsenden Schacht
Bei Tage, bei Nacht –

Wir speisen sie Alle mit nährender Wärme:
Den pflügenden Lloyd im atlantischen Meer:
Die erdenumkreisenden Eisenzug-Schwärme:
Der Straßenlaternen weitflimmerndes Heer:
Der ragenden Hochöfen glühende Därme:
Wir nähren sie Alle mit Lebensblut-Wärme!

Wir wracken, wir hacken,
Mit hangendem Nacken,
Im wachsenden Schacht
Bei Tage, bei Nacht –

Wir können mit unseren schwieligen Händen
Die Lichter ersticken, die Brände der Welt!
Doch – hocken wir fort in den drückenden Wänden:
Wir klopfen und bohren und klopfen für Geld –
Doch hocken wir fort in den drückenden Wänden:

Wir wracken, wir hacken,
Mit hangendem Nacken,
Im wachsenden Schacht
Bei Tage, bei Nacht –

Wir pochen und pochen durch Wochen und Jahre,
Wir fahren lichtauf – mit »Glück-Auf«! dann hinab –
Wir pochen und pochen von Wochen – zur Bahre –
Und Mancher schürft unten sein eigenes Grab –
Wir pochen, wir pochen durch Wochen und Jahre.

Wir wracken, wir hacken,
Mit hangendem Nacken,
Im wachsenden Schacht
Bei Tage, bei Nacht –

Der Tod im Schacht

Zweihundert Männer sind in den Schacht gefahren.
Mütter drängen sich oben in Scharen.
    Rauch steigt aus dem Schacht.

Die Kohlenwälder nachtunten glühen,
Urwilde Sonnenfeuer sprühen.
    Rauch steigt aus dem Schacht.

Retter sind hinab gestiegen;
Kamen nicht wieder, sie blieben liegen.
    Rauch steigt aus dem Schacht.

Der Brandschlund frißt seine Opfer – und lauert.
Die brennenden Stollen werden zugemauert.
    Rauch steigt aus dem Schacht.

Zweihundert waren in den Schacht gefahren.
Mütter weinen an leeren Bahren.
    Rauch steigt aus dem Schacht.

Alles in Dir

In Dir, o Mensch, ist alles:
In Dir ist der Schlaf und das Wache:
In Dir ist die Zeit.
Und ohne Dich ist keine Zeit.
In Dir ist die Zeit
Und die Fülle der Zeit:
Der qualmende Dampfer,
Die rollende Bahn,
Der eiserne Lärm
Und das Schweigen des Domes.
Der Stein und der Mörtel:
Das Haus und die Stadt.
     In Dir ist die Fülle
     Des zeitlichen Werkes.

In Dir, o Mensch, ist alles:
Die mordende Hand
Und das Künstler-Gehirn, –
Das ruchlose, stinkende Wort
Und das schwellende, schwebende Lied.
Die Liebe um Liebe:
Die Liebe der männlichen Stärke
Zu weiblicher Weichheit.
Und trübe verzehrende Liebe
Der Gleichen zu Gleichem.
     Ist Beides in Dir:
     Der Gott und das Böse.

     In Dir, o Mensch, ist Alles:
Das trinkende Ohr
Und der Antworten speiende Mund.
Der nehmende Mund
Und der scheidende Darm –
Der bohrende Keim
Und der schwellende Schoß:
Der aufsaugende Anfang,
Das ausbrechende Sein.

Ist Beides in Dir:
Der schäumende Anfang,
Das reifende Ende,
Das Ende,
Das wieder nur Anfang,
Ist Alles, o Alles in Dir!

Am Meerufer

Und Welle kommt und Welle flieht,
Und der Wind stürzt sein Lied,
Schaumwasser spielt an deine Schuhe –
Knie nieder, Wandrer, ruhe!

Es wälzt das Meer zur Sonne hin,
Und aller Himmel blüht darin.
Mit welcher Welle willst du treiben?
Es wird nicht immer Mittag bleiben.

Es braust ein Meer zur Ewigkeit,
In Glanz und Macht und Schweigezeit,
Und niemand weiß wie weit –
Und einmal kommst du dort zur Ruh,
Lebenswandrer, Du.

An den Tod

Mich aber schone, Tod,
Mir dampft noch Jugend blutstromrot, –
Noch hab ich nicht mein Werk erfüllt,
Noch ist die Zukunft dunstverhüllt –
Drum schone mich, Tod.

Wenn später einst, Tod,
Mein Leben verlebt ist, verloht
Ins Werk – wenn das müde Herz sich neigt,
Wenn die Welt mir schweigt, –
Dann trage mich fort, Tod.

Du Paradies

O Paradies, daß ich dich liegen wüßte
An jenem Berge, jener Küste –
Wo die Aufgang-Sonne bluterglüht,
Wo das Nachtgewölbe Sterne sprüht –
O daß ich's wüßte –

Ich wollte, wie ich bin, aus meinem Alltag,
Nach meinen siebzig Jahren, am Verfalltag,
Gebeugt von schwerem Leben, Arbeit, Sünde,
Noch pilgern in die fernen Morgengründe –
Zu dir, o Paradies– –

Will wandern, wenn die Stadt im Abend dunkelt –
Ein Stern mag sein, der vor dem Wege funkelt– –
Ich warte unter Lichtgewimmel,
Daß der neue Morgenhimmel
Bald erblüht –

Und dann! – Sieh, da liegt im Gottesmorgen
Das gelobte Land! Friedestill, verborgen
Hinter Bäumen, schimmert die Goldblumenwiese –
Und – da steh ich schon in Sonne vor dem Paradiese
An der Pforte –

Da tut sich urschön auf der Herrgottsgarten,
Und meine siebzig Jahre warten,
Daß aus dem Blumengrund ein selig Leuchten käme,
Die Pforte öffne und an die Hand mich nähme
Wie einst als Kind.

Ein Herbstlich Lied für Zweie

Auch diesem Stieglitz da im Blätterfall,
Tickt wunderbar in seinem Federball
Ein schüchtern schluchzend Herz, ein kleines,
Ein Herz wie meins und deines.

Der Vogel singt, weil ihn sein Herz bezwingt
Und große Sonnenluft ihn frisch umschwingt –
Er muß von seinem Herzen zehren.

Und jedes Flüsterbäumchen, uns vertraut,
Trägt unter seiner weichen Rindenhaut
Ein horchend Neugierherz, ein wachsend kleines,
Ein Herz wie meins und deines.

Der Baum verzweigt, und weiter zweigt er still,
Weil frei sein Herz ins Blaue schauen will –
Er muß von seinem Herzen zehren.

Wer spürt, wie bald das nächtge Schweigen naht –
Du hast mich lieb und gehst denselben Pfad;
Wir leben zueinander warm und still,
Wie unser ruhlos, wunschgroß Herz es will.

Einmal ist Schauerstille um uns her,
Das Herz klopft aus, ist tot und leer –
Wir müssen all von unserm Herzen zehren.

Saaten säen

Saaten säen,
Halme quellen,
Ernten mähen
Scheuern schwellen
    Überall.

Wälder färben
Wandern, fallen –
Mütter sterben,
Kinder lallen
    Überall.

Heere stampfen
Schlachten morden,
Blute dampfen –
Sieg im Norden!
    Überall.

Sehnsucht peinigt
Leib zu Leibern,
Liebe einigt
Leib in Leibern
    Überall.

Tod ist Leben
Leben – Schweben,
Angstvoll schön –
Immer blühen Wolken in den Höh'n
    Überall – –

Frage

Nun Du!
Du neuer Blick und Atem gegenüber –
Dir zwing ich meine Lippen, weil ich muß
Und sage:
Sieh mich an!
Gesicht laß ruhen in Gesicht,
Es geht nicht anders mehr.

Wo ist denn Schuld,
Daß Stirne nun an Stirne stößt,
Das Herz, das sonst in Einsamkeit hinfror,
In taubem Kummer sich verlor,
Im Drang die schwere Zunge löst,
Ergriffen stürzt:
Du Weib!

Schließ auf, schließ auf
Den engen Ring, der meine Brust umpreßt!
Der mich nicht atmen läßt,
Der mich zum qualgepflügten Boden niederwarf,
So oft ich meine Stirn erhob –
Du hast die Macht.

Du brauchtest nur mit deinem Finger
An mein Herz zu rühren,
Damit es wieder sehend würde:
Und alle Türen, Horizonte, alle Himmel
Sprängen offen mir entgegen:
Ich schritte mächtig aus auf brausenden Wegen,
Bestürmt und durchwellt,
Zu neuem Lebensland!
Zu deinem Herzen in der Welt!

Verbirgst du deine Hand?

Horch: Deine Seele

Vom Vater- und Muttergeist geformt und beschworen,
Aus Nachtmeer und Schweigen, aus Wolkenfall-
Schicht,
Aus dem Schöße des ewigen Kreisens geboren:
Fiel ich aufschluchzend stirnlings ins Licht.

Nun bin ich erdereich und bin auch arm:
Ich halte Kiesel prüfend in der Hand,
Mein Schuh trägt Staub von Werk und Land,
Ein Weib ist mir Gefährtin, stark und warm.
Und Volk umspült mich breit im Schreiten –
Doch Brot und Milch ist mir nicht mehr als Glück und
Harm
Und Schlacht und Schlaf nicht mehr als Stundengleiten.
Es schwillt der Tag und summt mein Blut,
Was wäre mir nicht atemnah und häuslich gut –

Warum nun immer meine Sehnsucht treibt
Und nach den Flügeln alle Sinne stürzen?
Zu und zu und niemals schlafend bleibt –
Wie nutzlos Tag und Leben sich verkürzen –
Brich auf, flieg auf mit hundert Segelwinden!
Einmal mußt du die Heimat wiederfinden,
Daraus man dich ins Leben schuf!
Es wölbt vom Anfang sich der Vater-Ruf
Und groß von Mutterewigkeit umfächelt
Singt deine sphärenferne Seele jugendlich
Und singt erlöst und glänzt und lächelt
Und wartet nur auf dich.

Apassionato

Du hast durch Deinen Kuß
Mein stromvoll Blut geweckt
Und mein Gesicht warm aufgehoben aus dem Tag,
Daß mich nun uferlose große Nacht umspült,
Herwehend Glanz und Taumel.
Ein wiegend Zittern schwillt in meiner Füße Wurzeln,
Einströmen lassend Erde und Getön,
Und springt aus meiner Kniee Schreiten in die Brust
Zu meerbewegter Melodie,
Darin mein Herz, die Orgel rauscht.
Nun sich im Takte meine Sohlen heben
Und grenzenlos beseeltes Schweben
Die Glieder übergießt:
Hab ich die Arme aufgehoben,
Den Blick in Himmeldunkelblau zerstoben
Und fühl, wie meiner aufgelockten Haare Schopf
Die nachtbemalten Wolken streift,
Sternblütenkranz die Stirn umgreift,
Und tanze, tanze zu Dir hin!
Denn meiner segelwilden Sehnsucht Schauer,
All meiner Einsamkeiten Trauer,
Mein hin und her durchflutet Sein,
Und nun des sel'gen Leibes neue Lust:
Stürmt fort und fort an Deine Brust,
Will nur in Dir geborgen sein.

Nach schwerem Traum

Ich bin Soldat und steh im Feld
Und weiß von niemand in der Welt.
Drum kann ich diesen Regentag nicht feiern,
So kummerzärtlich, feucht und bleiern,
Da mir dein Bild zur Nacht den Schlaf zerschlug
Und mich in deine Nähe trug.

Ich bin Soldat und steh im Feld,
Gewehr im Arm, und fern der Welt.
War ich zu Haus, ich schlösse Tür und Scheiben
Und wollte lange einsam bleiben;
Im Sofawinkel sitzend mich versenken,
Geschlossnen Auges deiner denken.

Ich bin Soldat im trüben Feld.
Hier endet alte Menschenwelt.
Der Regen singt, die nassen Strähnen fließen.
Ich kann nichts tun – nur Blei verschießen.
Weiß nicht warum, tu's doch, als ob ich's muß:
Ins graue Wetter kracht ein Schuß!

Mittags unterm Baume liegend

Kastanie du –
Gnädig entzückt,
Tragend flimmernde Hitze und Sonne,
Fächelst du lächelnd
Breitschweifende Zweige,
Grünblättergehände mir zu;
Festlich die traubigen Kerzen,
Weißstrahlenden Lichtes
Ins Grüne und Blaue gesteckt.

Wieder, wie lange schon nicht,
Daß mein Haar sich in Blumen verfing,
Die Schultern sich drückten ins Gras,
Spielst du mir Lichter
Über geschlossene Lider,
Darunter die Augen
Ertrunken und traumtief erstaunen.
Flatternde Schatten
Fallen mir über die glühende Stirn,
Kühlend und streichelnd und gut.

Kichernd kitzeln Halme im Nacken –
Durch den brennenden Schlummer
Haucht mir ins Ohr nur
Ein Klang vom gemächlichen Wind.
Und ein herschwankender Wagen,
Mahlend im quirlenden Staub,
Bringt mit dem Dufte
Von schweißglänzenden Pferden und süßlichem Heu
All den Ruch und die Sonne
Des Sommers.

Buch des Krieges

Mein Freund du, gebrochenes Auge nun,
Gebrochener Blick wie der des erschossenen Hasen
Oder verächtlichen, kalten Verräters –
Zwölf Jahre gemeinsam sprang uns de Zeitwind entgegen,
Schweigsam teilten wir Bücher und Brot,
Teilten im Schulhaus die Bänke,
Des Lebenshindranges rauschende Not,
Einigen Sinnes Erkennung und Lehre,
Freund, dein Auge ist tot.

Darum deine Mutter im Kummer nun geht,
Harmvoll, seufzend, doch schlicht in der Menge,
Darum Klein-Schwester, Klein-Brüder zu frühe schon
spüren
Verfinsternd qualmendes Schicksalgewitter
Und mächtiges Mähen des Todes.
Leer ist dein Bett in der ärmlichen Kammer
Und dein Platz am Tische des Mittags.
Und darum, daß niemand mehr wartet auf dich,
Geht grau deine Mutter im Kummer.

Du wärst eine Wurzel, ein Saatkorn,
Ein trotzender Keim in den Furchen des Lebens,
Ein bärtiger Vater von freundlichen Kindern geworden.
Ein schmerzenzerpflügtes Ackerland fraß dich,
Ein blutbedüngter Acker verdarb dich,
Der weise und ewige Säer zertrat dich.
Wer hadert und redet von Schuld?
Doch wärst du ein Saatkorn und wärest ein Vater!

Du wärest das Saatkorn – und wurdest doch Opfer;
Ein tausendstel Gramm nur, ein blutendes Fleisch
Fielst du auf blutleerer Leichen unendlich Gebirge.
Ist auch dein Tod nicht mehr denn ein anderer Tod.
Marschierten doch Tausend und Tausende rhythmi-

schen Schrittes
Hinweg in das qualschwarze Nichts,
Regiment und Brigade, Armee und Armeen
Ins blutigbefleckte Ruhm-Reich des toten Soldaten.
Du wurdest ein Opfer.

Der Brimont ist kahl und sein Wald ist zerschroten,
Keine Fichte verschont, dir daraus ein Grabkreuz zu
schlagen.
So liegst du stumm in zertrümmertem Boden,
In brustbedrückendem, traumlosem Schlummer.
Nicht Held, noch Führer – Soldat nur, unbekannt.
Gebein im Wind der Verwesung.
Doch des gewaltigen Friedens unzählbare, selige
Glanzlegionen,
Wenn ehern und klirrend sie über dein Grabfeld mar-
schieren,
Wirst du erschauernd einst hören,
So horche und harre darauf.

In Flut und Licht

Hinaus aufs Meer! die glatten Wellen funkeln.
Froh durch des Gartens saftige Bukette,
Darin im Licht die Rosen röter dunkeln.

Es knirscht der Ufersand am Landungsbrette:
Hurra, mein Boot! ihr braunlackierte Planken,
Du ungeduldig Tanzboot an der Kette,

Dir schlägt der Schaum die schmalgewölbten Flanken;
Vertrauter Seegenosse, du mein Freund,
Wie manche Wetterfahrt kann ich dir danken;

Bin auch wie du von Brand und Salz gebräunt.
Die Riemen raus und uferab gestrebt
Mit kräft'gem Schlag – vom Gartengrün umzäunt

Winkt wärmeflimmernd weiß das Haus und schwebt
Auf prallbemaltem heißen Uferstriche:
Ein Bild von Herdlichkeit, doch erdgeklebt.

Nun Ärmel aufgekrempt; die mittagliche,
Vorm durst'gen Blick weitoffne Flut gewinnen,
Die hin und her sich wirft im Sonnenstiche.

Getauchte Ruder ächzen in den Pinnen,
Ein salzgewürzter Wind springt herrlich auf,
Läßt sprühend Schaumgespritz vom Buge rinnen.

Glückheißer Tag! leuchtblau emporgerundet –
Darein die braune Stirn, die Brust getaucht
Und lichtflutvoll sich atmend froh gesundet.

O wie mit jedem Ruck, von Kraft gestaucht,
Der Horizont sich immer größer weitet –
Die weißen Wolken blühn, das Wasser raucht –

Lichtmeer ist über Wassermeer gebreitet –
Ich zieh die glanzbeströmten Ruder ein
Und horch', wie unterm Kiel das Wasser gleitet,

Wie in das große Wolkensausen oben
Wie in den hohen königlichen Schein,
Das kühle Glucksen zärtlich singt hinein.

Fanfaren schmettern Göttertag da droben,
Umarmend, ewigkeitlich unbewußt –
O Meer, o Himmel, Licht in Licht gehoben!

O Mensch, entblöße glücklich deine Brust!
Wirf ab, wirf ab das Kleid, so grau und trennend,
Stürz ein in diese unsagbare Lust!

O nun ich nackt, mitbrausend und mitbrennend,
Bestürm ich denkend, singend, brünstig dich,
Dich, Gott und Tagerleuchter, Vater nennend.

Wie wüßt ich diesem Glück, so sonderlich,
Denn andern vollen Namen als den deinen,
Der alle Dinge wärmet väterlich.

Du willst auch gütig jetzt um mich, den einen,
Der kam vom flachen Ufer, Mann und arm,
Mit diesem reichen Augenblick vereinen.

Ich bin umweht in himmlischem Alarm,
Und staune blind, o Herr, in dieses Licht,
Dein Odem trieft von meiner Brust so warm,

Ich hebe Mund und Stirn, und seh dich nicht...
Und glaube doch dich her zu mir im Leuchten,
Dein Sohn von Angesicht zu Angesicht.

Halt weich und fest den in die Knie Gebeugten,
Der ungeborn dir schon am Busen lag –
Ich fühle Strahlenschimmer mich umfeuchten,

Fühl deines Sonneherzens Flügelschlag
Die tausendporenoffne Haut mir streifen,
Fühl eine Vaterhand durch diesen Tag

Nach meinem tanzgewiegten Herzen greifen
Und Heiterkeit mit tausend Tönen flügeln
Und Aufgehobenheit ins Höchste schweifen.

Du hältst mich immer wieder über Hügeln,
Gesang, mein Gott, aus Dämmern und Beschwerde –
Du kannst zum Guten alles in mir zügeln!

Ich fühle, wie ich kindlich, göttlich werde!
Ich liebe dich, mein Vater, gut und grau,
Mit Meer und Tag und diesem Glanz der Erde!

Allum in Luft und Flut braust Wolkenblau –

Sonne

Allmächtig prächtig Glutgestirn,
Überwältigend emporwirbelnd, aufdonnernd vor Licht
über Wolkenfirn
In flutblau schäumende Himmelshallen,
Die aus Unendlichem ewig herniederfallen:
Unter dir sind: Waldmeere, der Flüsse Geäder, Felsbal-
len,
Und der grenzenlos hindunstende Tag
Von Anfang zu Anfang.
Erster Tag der Farnwälder und Saurier; ersten Blutes,
Pulses Schlag,
Da aus der Mutter gewölbtem Leib ein Kind den Er-
denodem trank!
Oh! wie da aus aller Runde orgelnd: Leben! Leben!
sang –
Mächtig aufrauschten die Vaterstimmen der Fluten
dem Gebärten,
Die grauen Ur-Steingebirge schauerten in ihren Bärten,
Und Blüten, Blüten fielen tausendfroh aus Blumenhai-
nen
Und ein kindlich Lallen und erhaben Weinen. – – –
Und regten sich tief unter deinem Feuerangesicht:
Der Heerscharen Gewimmel, Aufruhr und Kampfge-
richt,
Gelage bei Leichen, Sturzwassernot, Meucheltod –
Schwarzqualmender Städtemord, wild und funkenrot,
–
Vom Haß, vom Leid zerpflügtes und zerfleischtes
Land. – –
Und wieder bricht dein Feuerknäul durch Nacht und
Wetterwand:
Seht da: London! Tower-Bridge, Dom, Westminster,
Palastfronten von grauem Nebel triefend, morgenfins-
ter –
Auf einmal: brennend, auflodernd, Türme glühen,
Park, Alleestraßen, Fußgänger, Volk, Volk sprühen,
Aufquirlend, hingerissen im gleißenden Mittagsgold!

Und Wagen-Strom schiebt, knattert unendlich – rollt,
rollt –
Und wieder, seht: Berlin! Häusergevierte, Warenhaus-
blöcke,
Straßen-Netze, Kaufmannschaft, Damen, Uniformrö-
cke,
Paraden-Märsche, Lärm von Autos, Omnibussen, Gäu-
len
Um Reichtagsgebäude, Museen, Bahnhöfe, Denksäulen
–
Und abermals! Da: Peking! Papierlaternen um Pago-
den,
Gong-Musik, Zithergeklimper; gelbe, blumige Seiden-
moden
Der zierlich trippelnden Frauen und Holzschuhgeklopf
–
Rassig magere Kulis, Mandarinen mit Schirm und Zopf
Huschen vor Konfutses Tempel, dastehend aus Teak,
Glasurziegeln.
Und fern: Pei-Ho! Jangt-se-kiang! Fließender Spiegel:
Darin: Dschunken mit Mattensegeln, Haus- und Blu-
menboote,
Von Flußpiraten erstochene, rundbäuchige, treibende
Tote. –
Und endlich: gigantisch, olympgroß: New York!
Rauch – Rauch – Ahnung von Arbeit, Tosen und
Grenzlosem
Über fensterquadrierten Steinbergen, Hauskathedralen,
Beton-Türmen, Kuppeln, Menschheit-Arsenalen –
Breit walzende Avenuen, Squares; Würfeleinschnittge-
füge –
Kletternd: elektrische Untergrund- und Hochbahnzüge
–
Plötzlich: brandend, blendend gewaltig Licht über
Licht!
Unten: anbrechend die Nachmittagsschicht:
Gefauch, Geklirr, Sirenen-Heulen, zischender Dampf,
Gehämmer,
Ozean-Riesen, Mammut-Schiffe wühlen aus dem

Dunstdämmer,
Rhode-Island-Dampfer, Hudson-Pinassen an Mole und
Pier:
Stündliche Schlacht, Lebenseroberung, Gold-Wut, Brot-
Gier.
Darüber, bogenspringend, tragend Bahnen, Männer,
ohne Lücke:
Fein schütternde, kilometerlange Brooklyner Hänge-
brücke!
Alles, alles: brausend, stoßend in tausendfach spielen-
dem Licht,
Das aus der Eisensäulen Wolkenkronen bricht!

Allmächtig, prächtig Glutgestirn,
Emporwirbelnd, aufdonnernd vor Helle über Wolken-
firn:
Es ist kein Tag, der nicht von dir zerglüht, versengt, er-
bleicht
In Meere, Prärien, Städte sich abendmüde, leblos neigt
und schweigt.
Und keine Sterne – Nacht, die sich in blindem Durste
schnell verblüht,
Bis wieder Morgen! Morgen! Wolken, Wellen Men-
schenhäupter übersprüht.

Du Gottesgestirn, flammensausender Blick und Auge
ungeheuer:
Du hältst, umwärmst und brennst mit deiner Güte Feu-
er:
Gewölk, Getier, Gezeiten, Menschheit aller Zonen,
Erdniedersingend, himmelüberschwingend in Aeonen,
Äquator, Pol – Europa und auch Asien?

O, unser aller, meine, deine lebenheiße Welt
Von unaufhörlich gutem, ewig großem Tage überhellt,
        Von Sonne! Sonne! Sonne!

Romanze in allen Regenbogenfarben

Komm auf mein Schiff! Heut bin ich der Baas, der Herr
meines Tages!
Menschlich und warm wie aufgestanden vom Tisch des
Gelages – –
Unter deinen weißglacéenen Schühchen, wundervoll,
Schaukelt würzig braungeteerte Planke hohl –
Schau: die nackten, bronzebraunen Ruderknechte!
Manche tausend Rupien wert, die magren Hechte,
Wie sie listig laustern, blinzelnd gieren, stieren,
Die in Schweiß und Bravheit an der Eichenbank vertie-
ren,
Sehn sie nur dein gelbes Bast-Rohseidenkleid,
Deine elegant umbauschte, damenhafte Zierlichkeit,
Und dein blau Pariser Hütchen mit der riesigroten Plu-
derrose –
»Vorwärts! Lümmels! Ruder raus! Daß ich mich nicht
um euch erbose!
Denn ihr wißt, die Nilpferdpeitschenriemen
Ziehen höllisch heiße, sichtbarliche Striemen!« – –
Blähend wölbt wie eine Wolke lichtes Segel straff am
Mast.
Rasselnd, knirschen schwenken Hebeprähme Tonnen-
last.
Orlog-Flagge, Wimpel hoch! Es kommt der anmutblei-
che Gast!
»Platz! Platz!« ihr schwarzbequalmte, ölbekleckste
Trimmer!
Saht ihr je solch Eiderdaunchen, solch ein Frauenzim-
mer?
Liebste Dame, schnell! Wie mich dein blondes Kopfoval
berückt,
Würden diese zahmen Biester sicherlich aus Rand und
Band verrückt,
Sähen sie die Sonne deines Lächelns deinem Angesicht
erblühn,
Deine kleinen Mandelaugen, deiner elfenbeinern Zähne
Sprühn –

Hier spürst du schon vom Speisen-Vielerlei aus der
Kombüse
Süßen Ruch von Butterfischen, Reisgeflügel und Ge-
müse –
Und diese blankpolierte Treppe fällt zu meiner Frie-
denshütte,
Tief im warmen Bauch des Schiffes: Oase mein, Kajüte!
Ledersessel drinnen, Delfter Teller, Haarlem-Tulpen,
Java-Batiks, Katze aus Angora und Brabanter Stulpen;
Koran, Bibel und Petrarkas Oden an die Laura –
»Vaer saa good, kom ind! Kaere Monna Guttadaura!«
Ich weiß, du liebst die satten Purpurweine aus Bur-
gund,
Und ich lieb deinen appetitlich kleinen, rosa Muschel-
mund!
Fort mit Logbuch, Karten und Sextanten!
»In diese blumiggrüne Kapsel zwischen Wanten, Span-
ten
Kommt mir niemand, Pedro! Du stehst Posten!«
Braver Kerl, kam aus Nevadas Glut, salzig Wasser mal
zu kosten.

Träume, trinke – säume, sinke – küsse, küsse!
In dem Weltmeer wimmeln einig tausend Flüsse – –
Du weißt nicht, wie smaragden Blumen-Quallen
schimmern,
Wie abends unterm Deck zum Dudelsack die Neger
wimmern,
Wie toller Gischt, den Vordersteven überschießend,
brüllt,
Wie unter dem Äquator Wahnsinn in den heißen Keh-
len krüllt,
Wie überblühte Tropennächte gläsern tief erhellen,
Wie wilde, zerknüllende Luftzyklone schnellen,
Wie Sonnenbrände irrsinnig-göttlich über Welten gel-
len – –
Doch wenn der große Südpassat vom Horizonte
schwillt,
Sanft auffliegend, wiegend, warm und mild,

Zugvögelschwärme, Flatterfische mit sich gießend,
Von Zimt, Vanille, gutem Erdgeruche überfließend –
Da wird uns Ahnung zärtlich schauern von Paradies
und Eiland:
Ein Abendpfühl und Heimatbett und aller Sonne Freiland!
Schaumumtanzter Lotos: Otaheiti du, Palpete!
Kindlich grüner Palmenbüschel, Hafen mit Kanugewimmel –
Darüber: tönend, lichtzerspringend ungeheuer blauer
Himmel.
Dort wollen wir leben, einfaltfroh, ergötzlich animalisch.
Wir werden, ein Urmenschenelternpaar, patriarchalisch
Unter steinzeitaltem Mangobäume sitzen,
Braune Kindeskinder werden Klappern oder Pfeile
schnitzen –
Einmal morgens, wenn schon draußen Lichter auf den
Wellen blitzen
Und wir aus sattem Schlaf vom warmen Leib die Arme
lösen:
Kommt stöhnend, fern von fern, ein feines Rauschen
von Getösen,
Wird voller, kommt und kommt, allmächtig wie Trompetenton –
Wellen wühlen schwärzer, Sturzschaumzacken dröhn –
Brausend Wehen bäumt sich jäh empor –
Ferne Sintflut rauscht Weltuntergangschor.
Und aus dem Sturm hebt eine große Stimme an, sonor:
– – Einst – war – Europa – – –
Wir sitzen klein und unbeweglich, träumen, staunen –
Leichte Dünung plätschert wieder – fern: gedämpftes
Raunen –
Aus stiller Brust rührt scheues Stammeln an den Gott.
Sonne schwebt, Mittagsonne höher, höher, füllend
Stirnen, Schultern heißbetropfend, hüllend.
– Bis aus den Mattenhütten unsre Kinder brechen
Und trällernd, plappernd,

Mit Rasseln klappernd,
Vom riesengroßen Haifischfange sprechen.

Komm schnell aufs Schiff! Fix, gesputet!
Man schlägt das Gong – die große Heulsirene tutet ...
Abfahrt nach: Irgendwo – Flutenland ...
So! – Reich mir deine Hand ...
                    Spring!

An die Soldaten des großen Krieges

In memoriam August Deppe

Herauf! aus Gräben, Lehmhöhlen, Betonkellern, Stein-
brüchen!
Heraus aus Schlamm und Glut, Kalkstaub und Aasge-
rüchen!
Herbei! Kameraden! Denn von Front zu Front, von Feld
zu Feld
Komme euch allen der neue Feiertag der Welt!
Stahlhelme ab, Mützen, Käppis! und fort die Gewehre!
Genug der blutbadenden Feindschaft und Mordehre!

Euch alle beschwör ich bei eurer Heimat Weilern und
Städten,
Den furchtbaren Samen des Hasses auszutreten, zu jä-
ten,
Beschwöre euch bei eurer Liebe zur Schwester, zur
Mutter, zum Kind,
Die allein euer narbiges Herz noch zum Singen stimmt.
Bei eurer Liebe zur Gattin – auch ich liebe ein Weib!
Bei eurer Liebe zur Mutter – auch mich trug ein Mutter-
leib!
Bei eurer Liebe zum Kinde – denn ich liebe die Kleinen!
Und die Häuser sind voll von Fluchen, Beten, Weinen!

Lagst du bei Ypern, dem zertrümmerten? Auch ich lag
dort.
Bei Mihiel, dem verkümmerten? Ich war an diesem Ort.
Dixmuide, dem umschwemmten? Ich lag vor deiner
Stirn
In Höllenschluchten Verduns, wie du in Rauch und
Klirrn;
Mit dir im Schnee vor Dünaburg, frierend, immer
trüber,
An der leichenfressenden Somme lag ich dir gegen-
über.

Ich lag dir gegenüber überall, doch wußtest du es nicht!
Feind an Feind, Mensch an Mensch und Leib an Leib,
warm und dicht. Ich war Soldat und Mann und Pflicht-
erfüller, so wie du,
Dürstend, schlaflos, krank – auf Marsch und Posten
immerzu.
Stündlich vom Tode umstürzt, umschrien, umdampft,
Stündlich an Heimat, Geliebte, Geburtsstadt gekrampft
Wie du und du und ihr alle. –
Reiß auf deinen Rock! Entblöße die Wölbung der Brust!
Ich sehe den Streifschuß von fünfzehn, die schorfige
Krust,
Und da an der Stirn vernähten Schlitz vom Sturm bei
Tahüre –
Doch daß du nicht denkst, ich heuchle, vergelt' ich mit
gleicher Gebühr:
Ich öffne mein Hemd: hier ist noch die vielfarbige Nar-
be am Arm!
Der Brandstempel der Schlacht! von Sprung und
Alarm,
Ein zärtliches Andenken lang nach dem Kriege.
Wie sind wir doch stolz unsrer Wunden! Stolz du der
deinigen,
Doch nicht stolzer als ich auch der meinigen.

Du gabst nicht besseres Blut und nicht rötere Kraft,
Und der gleiche zerhackte Sand trank unsern Saft! –
Zerschlug deinen Bruder der gräßliche Krach der Gra-
nate?
Fiel nicht dein Onkel, dein Vetter, dein Pate?
Liegt nicht der bärtige Vater verscharrt in der Kuhle?
Und dein Freund, dein lustiger Freund aus der Schule?
–
Hermann und Fritz, meine Vettern, verströmten im
Blute,
Und der hilfreiche Freund, der Jüngling, der blonde
und gute.
Und zu Hause wartet sein Bett, und im ärmlichen
Zimmer

Seit sechzehn, seit siebzehn die gramgraue Mutter noch
immer.
Wo ist uns sein Kreuz und sein Grab! –
Franzose du, von Brest, Bordeaux, Garonne,
Ukrainer du, Kosak vom Ural, Dnjestr und Don,
Österreicher, Bulgaren, Osmanen und Serben,
Ihr alle im rasenden Strudel von Tat und von Sterben –
Du Brite, aus London, York, Manchester,
Soldat, Kamerad, in Wahrheit Mitmensch und Bester –
Amerikaner, aus den volkreichen Staaten der Freiheit:
Wirf ab: Sonderinteresse, Nationaldünkel und Zwei-
heit!
Warst du ein ehrlicher Feind, wirst du ein ehrlicher
Freund.
Hier meine Hand, daß sich nun Hand in Hand zum
Kreise binde
Und unser neuer Tag uns echt und menschlich finde.

Die Welt ist für euch alle groß und schön und schön!
Seht her! staunt auf! nach Schlacht und Blutgestöhn:
Wie grüne Meere frei in Horizonte fluten,
Wie Morgen, Abende in reiner Klarheit gluten,
Wie aus den Tälern sich Gebirge heben,
Wie Milliarden Wesen uns umbeben!
O, unser allerhöchstes Glück heißt: Leben! –

O, daß sich Bruder wirklich Bruder wieder nenne!
Daß Ost und West den gleichen Wert erkenne:
Daß wieder Freude in die Völker blitzt:
Und Mensch an Mensch zur Güte sich erhitzt!

Von Front zu Front und Feld zu Feld,
Laßt singen uns den Feiertag der neuen Welt!
Aus aller Brüsten dröhne *eine* Bebung:
Der Psalm des Friedens, der Versöhnung, der Erhe-
bung!
Und das meerrauschende, dampfende Lied,
Das hinreißende, brüderumarmende,

Das wilde und heilig erbarmende
Der tausendfachen Liebe laut um alle Erden!

Gedichte
II

Der Lichtbringer

Hoch vom Gaurisankar
Stieg er nieder
In die finstern Erdentale,
Göttergroß.

Überm Haupte
Steil die Fackel reckend
Bricht er leuchtend
In das Düster.

Schleudert um die Stirn im Kreise
Rasend seine Fackel:
Da blitzt, sprüht, glüht, brennt es auf:
Feuersterne! Glutball-Sonne!
Weltbrand-Geisteraufstand
Rundher überall!

Welttrunkenheit

Durch engverwirrte Straßen, über Sandsteinbrücken
Kommen tausend Füße mir entgegen, tausend Blicke,
Und Freundeswort, und Hofmusik, und Händedrücken
–
O ich!

Und grüne Sommerwälder sausen – kommen!
Kommen! Und Menschheit wimmelt froh auf Schatten-
Wegen;
Der Himmel zittert, Wolken wollen hüpfen –
Alles, Alles mir entgegen;
Ich bin so sonnevoll, so strombeklommen –
Ach ich! Mir schaukelt Leben zu vom Strand, vom
Kahn,
Zu mir kommt Fluß und Fluß und See und Meer,
Schiffgewimmel, Qualmhäfen, Ozean:
Immer mehr! Immer mehr!
O ich! o ich!

Und graue Nordlandküsten, Südseepalmenwälder;
Und Sternschwärme, Indiens Wunderstädte,
Und tausend Sonnen aus der Welt
Taumeln, rauschen, singen in ungeheurem wilden Wir-
bel
In meine weite Seele – füllend, füllend –
Ich! Ich!

Meine Augen sind Sterne, Flut braust im Ohr;
Ich bin so glühend weltdurchströmt, meine Seele
dröhnt,
Ich kann ihn nicht dämpfen den rasenden Chor –
Ich berste – ersticke – blicke
Hoch:

Du,
Der Du alles ins Dasein reißt,

Löse, dunkel schwingender Lebensgeist,
Aus dem lähmenden Drange zu metallischem Klang,
Aus dem chaotischen Orgeln zum Weltgesang
Die lebenbestürzte Seele
Für Alles und Alle!

Weltwege

Menschen, Großstadt-Haster,
Wagen wimmeln.
Straßenbahnen bimmeln.
Mittendrin:
Bams!
Prallt der Rammbock auf das Pflaster.
Von vier Männern hochgehoben,
Zwei, drei Stein weit vorgeschoben,
Wieder: Bams!
Prallt der Rammbock auf das Pflaster.

Immerfort im schweren Takt,
Fest den Griff gepackt,
Stampfen diese Weltarbeiter
Eine Straße nach der andern
Immer weiter. –

Autos rasen, Menschen wandern
Drüber hin zu Neuland-Festen:
Auf nach Norden, Osten, Süden, Westen
Immer weiter in die Welt.

Bams! Dahinten fällt
Wieder schwer die Ramme
Auf dem Straßendamme,
Steine einzuschlagen,
Die den Nachtrab tragen. –

Ferne wühlt der Vortrupp.

Die große Uhr

Einen Augenblick hält jede Stunde
Mich mit Lärm und Licht umschlossen
Eingetaucht im Wirbel-Straßengrunde,
Wirft mich dann gelangweilt und verdrossen

Neuem Stundebrausen in die Mitte:
Wieder branden, klirren sechzig Eilminuten
Durch mein Blut, – überstürzen meine Schritte:
Neue Stunde! – Weiter tosen Straßenfluten.

Nur die Mitternacht ist tröstend gütig,
Langsam summen ihre Stunden, sternenflütig,
Blau dahin; und ich weiß dann nicht im Traum,
Daß ich nur Atom der Stunden bin im Weltraum.

Abschied von der Stadt

(Gespräch mit meinem Hund)

»Maroc!
Komm her, Maroc, du treue Hundeseele,
Hier kusch dich hin!
Drück deine feuchte Schnauze, dein Hundeangesicht
An meine Hand.
Nun hör, was ich dir sage:
Ich habe dich Maroc getauft,
Damit ich daran denke,
Daß außer diesen weißen Menschen hier
Noch schwarze drüben leben;
Daß diese Welt noch weiter, breiter ist – –
Mir ward sie hier zu eng.

Sieh dort die Stadt,
Das Mauerungetüm im finsteren Novemberschauer
Todruhig hingelagert.
Jetzt ist die Zeit,
Wo sie aus Hatz und Hetz
Zur Kneipe oder in die Stuben gehn;
Zum Saufkrakeele, zur Familienbiederkeit.
Sie haben's nötig.
Mein Hund, die Leute da, sie sind
Nicht mal so gut wie du –
Sie hatten nur ein richtig Herz,
Als sie noch Kinder waren.
Ihr Herz ward Stein,
Und Geld und Gier heißt jetzt ihr täglich Brot.
Dir gab man Schmeichelnamen, Häpplein, Zucker;
Doch hinterher bekamst du einen Tritt.
Du warst ja nur ein Hund. Man hielt auch dich solange nur
Wie mich in Ehren.
So wie mit dir verfuhr man auch mit mir:
Man gab mir Bissen, schöne Worte,
Lud mich nach hier- und dorthin ein,

Und glaubte, daß ich froh darüber wäre.
Doch ich war heimatlos wie du, mein Hund.
Ich glaubte jedem Wort die Menschlichkeit
Und jedem Blick die Treue,
Nahm jeden Kuß als Schwur. –
So meinten sie es nicht,
Ich hatte falsch gerechnet.
Sie wußten nicht, daß mein Herz auch so dumm
Wie deins, mein Hund.
Tritte bot man mir wohl nicht,
Sie sagten artig mir adieu –
Versteh, ich war ein Mensch.
Nun ist's genug.

Maroc, mein liebes Tier,
Wir wollen in die tiefen Wälder wandern;
Auch deine Nase wittert andern Wind.
Wir wollen Einsamkeit um unsre Schultern spüren,
Auf Jagd nach neuen Träumen gehn,
Die Gottesgüte still im Walde wachsen sehn.
Ein freudeweiter, stundenloser Tag
Voll Windgesang und Blätterrascheln;
Ein hölzern Haus für dich und mich
Und eine Nacht voll Sternensang und Schnuppenfall
Blauwundervoll darüber –
Ist das nicht Glück?
Sieh!
Nun haben sie da drüben überall
Die Lampen und Laternen angezündet.
Mit feilem Lichterzunder lockt wie immer
Das ungeheure Freudenhaus.
Man schwätzt und frißt und liebt
Und fährt auf Straßenbahnen
Genau wie gestern spät um diese Zeit. –
Wir müssen auf den Weg, Maroc!

Und nun,
Du stets umworbne, immer treuelose Stadt,
Ihr vielen tausend Menschen,

Die ihr mich wieder austreibt in das ungewisse Wan-
dern,
Und ihr, ihr Andern,
Die ihr mir Glück – doch mehr noch Leid gebracht:
Ich danke nicht, ich zürne nicht, ich ziehe meinen Hut
Und wünsch euch allen: Gute Nacht!

Hallo! Nun vorwärts, Windhund, in die schwarze
Flut!«

Du rufst

Du rufst mich, Natur, –
Ich komme, ich komme!
Beregnete Flur,
Du raunender Baum –
Ich wanke voll Traum
Im Glück deiner Spur.

Aus blattbuntem Gang,
Aus herbstherbem Duft,
Aus treibender Luft:
Verwirrt mich der Ruf
Vom Gott, der mich schuf.

Du rufst mich, Natur, –
Ich komme, ich komme.

Es hebt die Brust ein neues Atmen

Ihr meine grünen Roggenbuchten, Weizenhügel,
O Erde, meine helle Erde, gibst mir Flügel, Flügel!
Ziehst über atemvolle Flächen mich ins Tanzen,
Vor neuem Glück um jeden Halm und Sonne!

Fahr hin denn, Leid von Menschen, Häusern, Gassen –
Heut will mich wieder meine Erde lieben, fassen!
Hier sprüht und grünt der Lust ein größer Feld.

Um meine Füße drängt sich Halm an Halm bewegt –
Stoß aus, mein Herz, den Schmerz, der dich erregt!
Die Saaten-Wellen schwellen treu an deine Brust.

Heimat ist überall; ich weiß nicht, wo ich bin –
Ich atme, halte, fühle nur der grenzenlosen Liebe Sinn.
Triff mich, mein Gott, mit deinem süßen Ackerwind,
Mit deiner Sonne-Flut: ich bin, ich bin Dein Kind!

Großstadtsehnsucht

Flußhin gleitet immer gleiches Kräuseln.
Immer müdet Grün mir vor den Augen.
Tiefe Wolken, Tag für Tag,
Grau und regenschüttend über mir,
Schläfern meinen Sinn ins Leere.

O Qualmstadt, Häuserheimat!
Dir zuckt nach leerem Tage
Mein Straßenherz in Flug und Klage
Vorm Schlafengehen zu.
Du Strudelwelt, in Enge eingezwungen,
Von Hastgewalt durchdrungen!
Mein Herz durchfurchen Zweifel, Lüge:
Hier ist mein Volltag nicht;
Ich hasse meine Gleichmut-Mienen.
O meine Weltstadt, du:
Wann donnert wieder über heiße Schienen
Mein Eisenzug mit Pfiff und Sturm
Zu deinem Bahnhof, Häuserblockgewirre, Turm?
Wann deinem Qualm- und Kraftherz zu?

Heimkehr

Den fremden Ackerländern abgewandt,
Dem Dorf ein mürrisch »Gute Nacht« hinsagend:
Lenkst du zurück zur Stadt.
Es hinkt und stolpert dein beschwerter Schritt.
Horch hoch:
Die Telegraphendrähte brummen, summen mit!
Ein Licht blüht auf im Straßenkot,
Ein zweites, ein drittes im Dämmerrot;
Und plötzlich:
Lichterkreisend, lichterdunstig loht
Gehäufter Himmel über Mauern schwer!
Die Luft durchschüttert Atemstoß-Geschnauf;
Dich fassend schwillt herauf:
Der große Qualm- und Räderton!

Nun hat die Stadt dich angerührt,
Du hast der pauselosen Pulse Hieb gespürt,
Und alle Wucht, die dort bezwungen noch gewittert,
Macht, daß dein Blut in neuem Rhythmus zittert!
Es klopft an deines Leibes Wandung
Die monotone Brandung:
Dampf
der von Flüssen zehrt,
Dampf
der die Kraft vermehrt,
Kraft
die um Achsen saust,
Kraft
die den Rhythmus braust,
Von befahrnen Doppelschienen hallt,
Und mit muskelwilder Taktgewalt
Glut in deine Glut verschweißt,
Dich ins übervolle Leben reißt. –
Du kamst aus Einsamkeit –
Hier ist Gemeinsamkeit!
Hier rast die Stundenzeit
Durch aller Menschen Werk-Verbundenheit.
Tritt ein!

Die Rede des Dichters vom Berge

Ich bin das Sprachrohr und die Lärmtrompete,
Der brunstgequälte Künder aller Dinge:
Von Mensch- und Muschelkeim bis Nacht und Lethe,
Vom Kabelschacht bis hoch zur Vogelschwinge.
     Ich bin ein Greis und bin ein Kind,
Der Zukunft ahnungvoller Seher –
Und doch im Allesrausche blind,
Bin Priester und bin Leierdreher.
Ich stapfe hoch im Gipfelfirn
Und will die Welt in Worte zwingen –
Muß wieder beugen meine Stirn
Und muß im Hof zur Orgel singen.
     Ich bin verstählter Mann wie weiches Weib:
Im Gattungsrausch ich zeuge und gebäre,
Und Weibesbrüste sind an meinem Leib,
Aus denen ich mit Blut euch nähre:
     So steh ich Redner hier auf diesem Berge
(Mir ist, daß mich jetzt Sonnen selber küßten)
Und sehe dich, du starrig Volk, wie Zwerge:
     Ich presse Hirn als Blut aus meinen Brüsten,
Es sickert rot in Euer Häusertal,
Ich locke gell: Nun trinkt! Nun trinkt
Von meinem Blut, von meiner Lust und Qual!
Vom schweren Sang, den ich euch schuf,
Der wie ein »Feuer!-Feuer!-Ruf«
Verworrn durch eure Gassen hinkt.
     Doch ob ihr wollet oder nicht:
Ich presse Blut aus meinen Brüsten
Für jedes Weib, für jeden Wicht,
Für alle Winde über Küsten.
     Ob ihr dem Sänger Mark und Pfennig spendet,
Ob manchmal hört ein offnes Ohr,
Ob ihr euch ängstlich von dem Narren wendet:
     Ich schüttle ächtlich meine Feuerlocken
Und winke Wolken, daß sie um mich hocken

Und schrei euch Weltensingsang vor
Und schlage meine Leier.

Weib, Du Sphinx –

Ich habe in deine Augenbrunnen tief
Und tief, und oft den Schöpfe-Blick gesenkt,
Das Zitterlicht, das wirr am Boden schlief,
In meinen Frage-Durst hinauf gelenkt – –
Doch deine Augen hab ich nie ergründet –

Ich habe oft an deinem Rätselmund
Gelächterklang, geringem Wort gelauscht,
Den Atem, den Seelendampf vom Liebesgrund,
Voll roter Leidenschaft mit dir getauscht – –
Doch deine Lippen hab ich nie ergründet –

Ich habe brünstig deine weiche Brust
An meine harte Herzenswand gedrückt,
Mit tiefem Zwang, wie ich dich zwingen mußt',
Dein Herzgeklopf in meinen Schlag gerückt –
Doch seinen Rhythmus hab ich nie ergründet –

Ich drang in dich mit heißer Frageglut,
Ich schloß um dich die Willens-Arme zu –
Ich war dein Mund, und nur und nur dein Blut –
Und du warst Lösung meines Fragens – Du – –?
Denn doch: Dein Wesen hab ich nie ergründet.

Nicht mehr

Das war in jenen ungewissen Tagen,
Da meine bange Ahnung fast schon wußte,
Daß ich von dir, mein Lieb, mich trennen mußte;
Wir sahn uns kaum, und keiner mochte fragen.

Da tat in nachtversunknem wachem Traum
Sich meine Tür im Dunkel auf, ganz leise –
Und sieh – Du kamst herein – wie eine Waise
In Trauerschwarz gekleidet bis zum Saum.

Und Schweigen war wie nach verlornem Streite,
Du saßest still, dein Blick hing tief und feucht;
Doch wie ich mich zu deinem Mund gebeugt,
Da senktest weinend du den Kopf zur Seite –

Und scheu erschauernd sagtest du: Nicht mehr –
Nun hat sich dieser trübe Traum erfüllt,
Und alles ist mir wie mit Grau verhüllt,
Und jeder Tag ist endlos lang und leer.

Sylvester-Abend

Er stand mit andern um die Feier-Tafel,
Der Glühwein dampfte, rings Geschwafel – –
Da schlägt die große Glocke in die Nacht
Zwölf ungeheure Töne:
Das neue Jahr ist aufgewacht!
Geschrei bricht los, Kanonenschlag-Gedröhne.
Allstimmig, über angestoßnen Gläsern Punsch,
Braust im Saal der Wunsch:
Viel Glück im neuen Jahr!

Da steht, vom Kronenlichte abgewandt,
Der Eine an dem offnen Fenster, –
Das volle Glas in schwerer Hand –
Er sieht die Lärmer draußen tanzen wie Gespenster –
Da spricht er lächelnd, mild,
Wie jemand, der sich Glück erwählt:
Ich wünsche mir, daß mich dein wehes Bild,
Verlorene Geliebte,
Im neuen Jahre weiter quält –

Die Andern

Ich habe dir keine Rosen geschenkt
Und kein Geschmeide,
So wie die andern –

Ich habe dich nicht mit Flitter behängt
Und nicht mit Seide,
So wie die andern –

Ich habe dich nicht mit Schmeicheln getränkt
Und leichtem Scherz,
So wie die andern –

Doch eins ist dir mit Freude geschenkt:
Das ist mein Herz –
Und sieh, das gaben sie dir nicht,
Die andern.

Helena

Fünf Häuser nur von mir, fünf Häuser weit,
Da lebst du noch, du Blonde aus der guten Zeit –
Da wohnst du noch!

Fünf Häuser weit,
Da lebt noch Gewisper, leben noch Schatten der Zeit
Taumelnder Liebe –

Zwischen meinem Haus und deinem Haus
Wühlt und quirlt der Straßenbraus
Eine Furche den ganzen Tag.

Zwischen meinem Haus und deinem Haus
Spannen sich Ketten, Ketten aus
Jede Nacht –

Da fängt die Straße an zu wanken,
Die Häuser schwanken –
Meine Gedanken
Stürzen sinnlos zu dir.

Weiter Blick

O Welt, stürm her an meine Brust!
Ich hab den Kummer abgeschüttelt,
Das Schicksal hat mich wachgerüttelt:,
Drum such ich wieder neue Lust.

Die eine Weile als Begleiter
Ein Stück des Weges mitgegangen,
– Hab ich an ihnen nicht gehangen? –
Gehn heim. Verlassen muß ich weiter.

Und sie, die mich zur Rast, es schien,
Mit offner Güte, liebem Walten
An dieser Scholle festgehalten,
Blieb kalt. – Nun will ich vorwärts ziehn.

Ich breite beide Arme aus
Im kühlen Bad der klaren Helle:
Strömt her ihr Weiten, Wind und Welle,
Und schäumt im Glanz mich mit hinaus.

O Welt, lebendigen Schicksals voll,
Dich hält die Sehnsucht mir in Flammen,
Weiß ich auch nicht, was werden soll,
Stürzt Ahnung doch sich hoch zusammen.

Und neue, andre Wirklichkeit
Gebiert der tiefen Klarheit Sinn.
Fahr zu! dir öffnet sich die Zeit!
Horch aus! die Ferne saust Beginn!

Von Innen nach Außen

Großer Umwelt Werkdrang
Hat schon lang
Verlorene Liebe
Aus dem Herz mir gehämmert.

Unruh-Herz, wie warst du verdämmert –
Sahst nur zwei Menschen nackt
In Schmerz-Liebe –

Jetzt hat dich der Takt gepackt,
Jetzt hast du den Stahl-Takt
Der Dampf-Kampf-Stampf-Welt gefunden,
Dich hineingebunden,
Dein Herzschrei gellt:
Die Liebe ist tot,
Es lebe die Welt!

Tagleben

Was kluckern die Wellen am Landungssteg,
Was furcht des Dampfers Sprühflutweg,
Was zischt der Heißdampf aus dem Rohre?
Drangleben!

Was wehen die Winde feucht und satt,
Was raucht in der Ferne die Hafenstadt,
Was qualmt der Zug über die Brückenbogentore –
Drangleben!

Kraftlust-Klang,
Tagfroher Drang
Herzklopft aus allem.

Doch einst seh ich dich wieder

Ich liege verwirrt in verziehenden Nachtnebeln
Und recke mich auf –
Du! –
Da bist du auf der schwimmenden Wolke,
Im strömenden Morgenhimmel
Hochoben –
Golden lächeln deine Lippen,
Deine Augen blühen wie Blumen,
Und Sonne ist auf deiner Stirn.
Meine Hände aber sind leer,
Meine Augen warten schon lange
Auf dich –
Wie fühl ich mich nun nachterlöst
Und aufgelöst in diesem neuen Drange;
Und doch, und doch geringer
Als Du,
Du Morgenblüte auf der Wolke.
Reich mir lächelnd deine weichen Finger,
Urgeliebte, Sonnenrose,
Zieh mich hoch zu dir ins atemlose
Glück!

Und dann
Treiben wir auf unsrer Wolkeninsel
Herzerhoben hin im goldnen Strom;
Und der morgenhohe Sonne-Dom
Tönt in Liebe überall,
Und im Widerhall
Schwillt aus uns Zwei-Menschen-Klang
Auf zum Taggesang.

Ich kann nicht länger ich nur sein

O immer dieser Mensch zu sein,
Nur immer dieses eine eigne Herz zu spüren –
Und immer wieder dieses grenzenlose Rühren,
Und immer dieser Drang: In Zwein
Zu einer Klarheit sich zu führen.

Ich strecke wieder meine hundert Hände aus
Nach allen Herzen, die verhüllt; –
Vielleicht entreißt sich doch daraus
Die eine schicksalreiche Wendung:
Daß sich in Einer meine Welt erfüllt:
Daß Zwei sich einen zur Vollendung!

Sie sang am Klavier

Warum hast du am offenen Fenster gesungen,
Daß ich horchen mußte im Gehn?
Ich habe dich niemals gesehn –
Doch hat mich dein Singen bezwungen;
        Warum?

Du weißt nicht, daß ich die Stadt um ein Wesen ver-
warf,
Und hier nur ging, um nichts zu wissen,
Daß ich nicht solche Musik fühlen, nichts vermissen,
Nicht zurückdenken darf.
        Du weißt nicht –

Nun hast du am offenen Fenster gesungen,
Meinen Gleichmut unwissend zerpflückt;
Du weißt nicht, wie Singen bedrückt,
Wie es Einen in Weichheit gezwungen –
        Und ich will nicht!

Als ich dich sah

Wie ein Schatten flog dein Angesicht
Über meine Augen hin,
Verblich und ließ nicht Spur in meinem Sinn.
Ich sah dich nicht.

Da bin ich fremd hinausgezogen;
Und – plötzlich ist dein Blick mir nachgeflogen –
So sehr,
Als ob er mich nur kennt –
Und brennt in mir, brennt
Tief unruhschwer
Und will nicht dunkeln mehr –

Frage über Weiten

Heut hab ich einen Brief ausgesandt,
Wie eine Möve,
Zu dir.

Die schwankenden Bäume,
Die Hupfwellen am Ufer
Und Wildrosen
Warten.

O sende eine Waldtaube!
Einen wilden Schwan,
Der mit stürmischem Flügel
Dein Blatt mir zuwirft

Wie eine brennende Rose!

Nur

Ich will nicht viel – nein,
Ich will nur deine Hand in meiner fühlen
Und gläubig sein.

Und aber – fühlen, wie verwandt
Dein Herz in meinen Fingern zittert –
O gib mir, gib mir deine Hand!

Beseligung

Hebe aus der Ferne deine Hände auf mein Haar,
So bin ich wieder gut durchglüht,
Und neue Frömmigkeit ersprüht.

Ich bin so oft zum Seligsein bereit –
Doch wieder wird mein Herz verstockt,
Und ungewisse Trübe lockt,
Und drängt mich nach dem Fall in Einsamkeit.

Mein heißes Hoffen ist in dir begründet,
Ich kann nicht länger Ich nur sein –
Ström ein! sei mein!

Ich bin nur arm, und giere so nach reiner Wendung,
Und habe mich dir so geöffnet, wie ich kann –
Schwing her! Strahl ein! und dann
Bist du mir Seele und Vollendung.

Wo ich gehe

Jeder Schritt sagt deinen Namen,
Jeder Blick träumt nach dem deinen;
Sehnsucht macht die Füße lahmen,
Wenn im Herbst die Wolken weinen,
Regen über Blätter tropft,
Und ein Herz sich müde klopft.

Rosen gluten noch im Garten,
Rosen, die um Frauen werben – –
Auch die Rosen müssen warten,
Wie die welken Tage sterben.
Hörst du nicht, was ich dir schrieb?
Hast du meine Rosen lieb?

Wind, der über Hänge brandet,
Rot und gelbe Blätterwildnis,
Nacht, die über Sternen landet,
Leben nur mit deinem Bildnis,
Küssen mich mit deinem Mund,
Herb und zärtlich, wild und wund.

Du wolltest nicht

Ich hätte dir eine Sonne schenken können
Und den halben Mond
Und zwei Hände voll Sternblumen –
Aber du wolltest nicht.

Nun ist die Sonne fortgeflogen,
Die Sterne sind ausgestreut,
Meine Hände sind leer –
Und dich will ich nicht.

Hohe Nacht

Sing auf, mein Nachtherz, singe!
Die Stadt sinkt ein; die Erde flieht;
Der halbe Mond ist hoch und zieht
Die Sterne ein zu flimmerstillem Ringe.

Sing auf, schwing auf; die schönen Lichter schwirren –
Und öffnen deine Seele in die Nacht;
Der Goldmond ist dir ganz entfacht –
Nun mußt du taumelselig weit im Silberdämmer irren.

Schwing ein, schwing ein, der Glanz ist da; ergriffen
hält
Dich jedes Licht in wildem Funkeltanz,
Schwing ein in diesen ungeheuren Melodienglanz –
Unhörbar braust die feierliche Welt.

Morgen

Auf allen Dächern liegt der Tag,
Mit Licht gefärbt ist jede Zinne.
Es fließt und fließt vom roten Dach
Das Licht tiefab zur Straßenrinne.

Der Mensch geht froh im warmen Licht,
Er sieht den Schatten vor sich laufen.
Aus offnem Tore pfeift ein Wicht.
Die Jungen rotten sich zu Haufen.

Ein Summen schwillt hinauf ins Blau,
Und alles klingt so hell und wach –
Du froher Morgengänger, schau:
Auf allen Dächern liegt der Tag.

Späte Dämmerung

Bäume still,
Still verträumt.

Wenig Wind
Überm Teich.
Kräuselflut
Wellt und wellt.

Zitternd schwimmt
Blasser Mond
Tot im Teich.

Kleines Nachtlied

Die Stadt ist müde, sie schweigt.
Über Türme und Dächer neigt
Sich die Nacht.

Unruhig Herz, schweige nun auch –
Sieh, aus dem schlafdunklen Rauch
Erwacht

Ein Stern,

Er sinkt – er blinkt dir zu.
O traumsatte, erlösende Ruh –
O singender Stern –

Sehnsucht

Sanft strömt vom andern Ufer aus dem Wälderschwei-
gen
Über lichtbeglänzte Flut der Abend.
Trunken schweift der Blick ins Weite,
Steigt geöffnet in die wolkigen Gefilde,
Taumelt in das grenzelose Licht hinein –
Und das Herz schwingt zitternd ein:
        Nur selig sein.

Aber –!

Mittags dampft mir Suppe auf dem Tische,
Blumen stehen auf dem Fensterbord;
Im Glase seh ich Goldfische;
Straßen branden unten, Leute hasten fort –
 Kleiner Tag.

Aber! aber nachts brenn ich auf!
Sterne tanzen wild hinauf –
In das blaue Nachtfeld
Stürzen meine tausend Seelen in die Welt –
 O Gott!

Nachtgesänge

O große Nacht, Tiefe aller Tiefen,
Die du dich legst auf mein heißes Herz
Gleich linderndem Balsam,
Die du meine Augen sättigst
Mit unergründlicher Unendlichkeit:
Komm herab und senke die tiefen Schatten
Deiner Allseele auf mich.
Vor deiner Mächtigkeit und Fülle errötet die Sonne
Und sinkt hinter die fernen Wälder hinab,
Und herauf steigst du in all deiner Majestät
Und Trächtigkeit und sterndurchwirkten Pracht.
Alle Leuchten verlöschen
Vor deinem sich öffnenden Auge,
Dem silberlich strotzenden Mond,
Dem stummen Allwisser und Seher
Aller deiner Köstlichkeiten.
O Nacht, du weitest mein einsames Herz
Und erfüllest es mit dem quellenden Reichtum
Erhabenen Gefühls, und mit Frieden.
Du umfängst mich,
Wie eine Liebende den Geliebten umfängt,
Und du bist meine Liebende,
Und ich liebe dich,
O Nacht. –

Bescheidung

Lieben, Meiden,
Freuden, Leiden,
Wie es komme,
Ob es züchtigt, ob es fromme:
Alles gibt euch Gott.

Ohne Weichen
Hält im gleichen
Schalen-Schweben
Seine Weisheit euer Leben.
Lobet Gott den Herrn!

Blaue Nacht

Flußhingezogen liegt in Nacht
Das Dorf.
Bergschatten sinken.
Sacht
Blinzelt in den Strom ein Licht.

Schweigen saust.
Der Fensterschein im Haus
Erlischt.
Das Dorf versinkt.

Da – still, o still –
Süß und wild
Schlägt aus den Uferbüschen eine Nachtigall –

Selig strömt der Himmel Widerhall.

Wohin warst du?

Am Tage voll
Und stark im Takt,
Vom Strom gepackt –
Wohl oft auch toll,
Im Schmerze nackt:
Schlägst du, mein schweres Herz.

Am Abend mild
Und träg und müd, –
Vom Tage nur
Gesumme quillt –
Und puckt und glüht
In dir, mein leises Herz.

Und dann, wenn Nacht
Das Hirn betäubt,
Schlägst du dann noch? –
Da hebst du sacht
Die Flügel auf – –
Wohin, mein leichtes Herz?

Bin ich erwacht,
So denk ich auf:
Wohin warst du, mein dunkles Herz?

Wohin –

An den Geliebten

Du hast mit leisem Finger
An mein Herz gerührt,
Und hast mit einem Blicke
Mich ganz zu dir geführt,
Daß ich nicht mehr ich selber bin
Und nun mein Sinn
Nur lebt in dir.

Ich muß vor dir die Lider senken,
Mein Herz summt immerzu –
Ich kann jetzt nur an dich noch denken,
Ich ahne schon das Wort, das du
Mir sagen wirst, das mich Geliebte heißt – –
O Liebster, sprich! – Du weißt,
Mein Herz ist dein.

Mahnung

Laß sein, laß sein,
Ich bin nicht dein.
Mein Herz ist tot,
Doch deins glüht rot
Und weiß noch kaum von Liebe.

Ich würde kalt
(Sobald, sobald),
So ohne Grund
Von deinem Mund,
Aus deinem Glücke sinken.

Laß sein, laß sein –
Ich bin nicht dein.
Dein Wunderstern
Ist dir noch fern;
Nun warte, bis er kommt.

Abend vor Sonntag

Glockenläuten, Läuten – Läuten
Über all den widrig lauen
Schmutzgetränkten Nebelschwaden,
Über trübem Abendgrauen –

Geräuschlos schleichen
Über schlammig aufgetautem Schnee
Die fröstelnden, bleichen
Menschen durch die Nebelmassen,
In den krumm und schief gequerten
Hundertjahrealten Gassen
An den schwarzen Wänden lang.

Trauerdumpf, wogend verstreut,
Klingt von den Türmen Geläut – –

Träge gurgelnder Wasserlauf
Spiegelt zitternde Lichter herauf.

Lautenspieler, Harfenmädchen
Ziehn mit heiserem Gezank
Von Spelunke zu Spelunken.

Kinder winden hinter sich am Fädchen
Mitten durch die schwarzen Tunken
Ihren goldbemalten Puppenwagen.

In den Winkeln stehn Halunken,
Rauchend, spuckend, ohne Kragen.
Von den Höfen schallt Gequiek,
Hundebellen,
Ziehharmonika-Musik.

Trauerdumpf, wogend verstreut
Klingt von den Türmen Geläut – –

Schmutzigschwere Nebelmassen
Drücken immer mehr
In die Gassen.

Da klingt das Läuten aus
Mit langem Glockenschlag – –

Ist morgen auch in diesem Graus
Ein froher, lichter Feiertag?

Die junge Schwangere in der Straße

Du wandelst so daher,
Als hättest du nur Tag
Und Herz allein.

Dein unsichtbarer Segen
Schließt dich ein
Und läßt dich schöner blühn.

In deinen Augen wartet offner Glanz
Und still vertieftes Sonneblau
Der Freude,

Daß alle grauen Menschen
Wunderbar berührt
Und scheu vorübergehn.

O kindlich strömt aus deinem Antlitz,
Strömt und blüht der *eine* Klang
Unendlich:
Mutter!

Seele erhebe Dich

Seele erhebe dich!
Deine Hülle ist Tier;
Nächte waren; in Nächte warst du versunken.
Erhebe dich, schüre die göttlichen Funken!
Leid machte kümmerlich,
Körper erniedrigte dich, erstickte dein Glühen:
Entfalte die Flügel, laß Freude erblühen!
Fühlst du nicht rund in den Fernen ein selig Gewim-
mel?
Alles Ferne dürstet nach dir!
Auf! weit ist die Welt, hoch ist der Himmel:
Seele erhebe dich!

Seele erhebe dich:
Draußen ist Tag, Tag deiner Welt:
Sieh, wie die Sonne das Blau überleuchtet,
Wie werdender Frühling den Boden durchfeuchtet,
Hör, wie Vögel zwitschern, so wunderlich,
Wie aus den Sträuchern, wie aus den Bäumen,
Wie aus den Sonnenräumen
Stimmen sich heben:
Wir leben! wir leben!
Seele erhebe dich!

Seele entflamme dich,
Himmel kommt und Wald –
Dring ein, steig auf in dieses grenzenlose Land!
Entwachse dir und schwebe frei und feierlich
In deines Anfangs zeitenlose Sonnenzonen.
Du sollst nur Jahre in der Körper-Erde wohnen:
Du bist der Glanz, vor allen Dingen auserlesen,
Der Klang, der wieder über alle Himmel hallt.
Anfangsewig, ewig dein Wesen:
Seele, brenne, brause göttlich!

Sausen im Ohr

Die warme Sonne liegt auf fahlen Rasenflächen,
Auf gelben, frischbestreuten Wegen –
Wagenrollen, Kinderschreien, Sprechen,
Gebell und Rufe regen
Sich überall – –

Der Wind ist faul – er rührt sich kaum,
Ein sonderbares Beben saust im Ohr – –
Die Sonne vor dem Augen-Tor
Macht alle Sinne faul und lullt sie wie in Traum,
        Die Luft ist blau und blaß –
        Von untern Zweigen tropft
Wasser-Schweiß in das Gras.

Am Teiche leuchten noch die weißen Warnungsschil-
der
Vom letzten Eise her – – –

In sonderbar verschlungne Bilder,
In sonderbar verquollnes Töne-Meer
Löst naher Frühling alles auf.

Frühling

Es singt in mir mit Vogelstimmen;
Der Himmel blaut, Lüfte schwimmen,
Die Sonne glüht in meinem Blut.
Und Wiesen heben sich so grün,
Die vielen Bäume stehen da so gut
Und wollen immer mehr noch Knospen blühn
Ins weitverstrahlte Licht.

Die Wege gleiten langsam auf und nieder,
Durch mich hin; mein Blick grünt auf im Baumgefieder,
Und Baum und Ich und Busch sind froh im blauen
Rauch:
In Baum und Halm fließt meine Seele.
Und da, aus diesem schönen Blütenstrauch,
Da singt mein Herz aus einer Vogelkehle:
Ich blühe, weil ich Frühling bin!

Beschwörung

Herauf! Herauf, gewaltiger Donnergott!
Die Erde erwartet dein Brüllen.
Herauf! Herauf, barbarischer Gott!
Die Wolken verballen, verkrüllen
Schon zu schwangerschwarzem Geklüfte.
Erregt und verhalten drohen die Lüfte
Und drücken zum Boden dumpfbrütende Glut.
Zerreiß die geschwollenen Wolkenbäuche!
Laß bersten die Wolkenschläuche!
Überschwemme mit stürzender Flut
Die rauchende Erde!
Hier unten verdurstet das lechzende Tal.
Schmettere nieder mit rasender Gebärde
Den wutzuckenden zündenden Strahl!

Er kommt! Erwacht schon sein Atemwind:
Die düsterbrausende Feier beginnt:
Herauf, herauf in jagendem Lauf!
In schnellerem Lauf,
Herrlicher Gott!

Dumpfes Gurgelgrollen
Schwült und wühlt:
Nun endlich rollen
Verquollene Donnerwogen
Aus drohender Ferne empor.

Nun kommst du gewaltig heraufgezogen
Im orgelnden Schwarzgewalten-Chor –
Mein Herz strömt dir schreiend entgegen!
O unheiliger Ursegen– –
Leuchten wettert –

Da!!

Rasend reißt dein knatternder Blitz
Den hängenden Himmel auseinander:
Und aus ungeheurem Schlitz
Stürzt donnernd Flut
Voll Wut:
Wasser- und Ackerschollen fallen ineinander.
Das wahnsinnige Chaos lacht:
Alle Himmelpauken dröhnen,
Erden und Sturzmeere stöhnen –
Nun lenkst du riesig die flammende Schlacht,
Barbarischer, blitzender
Zorn-Gott!

Rhythmus

Vom Stoff, daraus das Große wie Geringe
Den offenbaren festen Wuchs beginnt,
Vom Stoff, daraus von Anfang alle Dinge,
Vom Grund, daraus Begriff und Dasein sind:

Vom Rhythmus, der sich selber heißt: das Leben,
Der unsichtbar den schweren Stoff durchfließt,
Ihn wälzt, ihn schmilzt in ungeheurem Streben,
Ihn fort und fort in andre Formen gießt:

Von Stoff und Kraft in Schöpfungswerk-
Durchdringung,
Im tiefsten Sein erzeugt, im Schoß versenkt,
Genährt vom Stoff, durchpulst von Rhythmusschwin-
gung,
Vom Rhythmus-Strom geboren, hochgedrängt –

Kam ich: ein Auferstehn mit heller Schwinge
In Neu-Gestalt, aus dunklem Labyrinth
Zur Oberflächen-Welt, in neue Ringe
Als Lebens-Teil, als Anfangsmensch: Als Kind!

Wir Menschen

Wir fallen durch Tage und Nächte dahin,
Durch Jahre um Jahre in stürzender Flut –
Und wissen doch niemals woher noch wohin.

Als wenn uns ein Riese aus mächtiger Hand
In müßiger Laune, so wie's ihm gefiel,
Läßt rieseln und rieseln ins Leere wie Sand.

Wir glauben uns ruhend auf sicherer Statt,
Erbauen uns Türme aus Eisen und Stein –
Und wälzen doch selber am zeitlichen Rad.

Wir kommen vom Anfang, erstaunten Gesichts,
Verirrn uns ins Leben, in Kämpfe und Schuld, –
Und sinken dann wieder hinab in das Nichts.

Vollendung

Ich suche mich selbst in der Welt;
Bäume und Halme und Wind saug ich ein.
Ich wachse.

Ich wachse, ich lebe mir selber zu;
Von Stunden zu Tagen, von Morgen zu Morgen;
Ich werde.

Ich suche den Gott und singe mir selber zu;
Denn in mir erglüht,
Denn aus mir strömt
Gott in die Welt!

Tröstung

Du glaubst noch, daß du einsam bist,
In voller Welt allein?
Deshalb du dich ins Trübe frißt,
In Kummer-Trotz hinein –?
Ist doch im Herbst der bunte Baum,
An den im Gehn dein Finger schlägt,
Der warmes Licht und Regen trägt,
Dein Freund! und wirklich, ohne Traum.
Ist doch das stumme Arbeitspferd,
Das in den Deichselholmen steht,
Das treuen Blick in deinen dreht,
Dein Freund, und deiner Freundschaft wert.
Ist doch dein Hund, der klug dich kennt,
Der mit dir springt und bellt und rennt,
Durch dich der Freiheit abgezäunt,
Dein guter Freund.
So dringt zu dir Geschwistergeist
Und will nicht, daß du einsam seist!
                    Drum öffne Dich!

Cello

Die Glocke klingt.
Der Tag versinkt –
Einer nach dem andern.

Taglärm verklingt,
Die Stille schwingt,
Stille Träume wandern –

Du träumst vom Ziel – –
Was weißt du viel;
Wohin magst du noch wandern?

Dein Leben ringt –
Die Nacht sie winkt
Einem nach dem andern.

Siesta

Eben ist der Dampfer ausgefahren---
Drüben überm blauen Küstenstrich
Türmt sich Qualm im Klaren.
Lichterschaukelnd glänzt das Meer um mich,
Und Welle kommt und Welle flieht –
    Und der Wind rauscht sein Lied.

Der Himmel dunstet heiß im Weiten;
Sonne braust im Wolkenschaum –
Ich weiß nicht, ob die Stunden gleiten,
Ich denke nicht – ich sehe kaum –
Nur Welle kommt, und Welle flieht,
    Und der Wind rauscht sein Lied.

Wiegenlied

Der Leuchtturm blinkt von Lyoe her,
Im tiefen, tiefen, dunklen Meer;
O weh, o weh –
Das Wasser gluckst, die Welle rinnt –
Sei still mein Kind, sei still mein Kind,
Dein Vater ist auf See.

Er schwimmt mit Knud und Svend zu dritt,
Bringt viele glatte Schollen mit.
O weh, juchhe –
Die See ist schwarz, die Nacht ist blind –
Sei still, mein Kind, sei still mein Kind,
Dein Vater ist auf See.

Die Lampe raucht; die Tür muß zu:
Der Troll tanzt draußen ohne Schuh!
Susuh, susuh –
Der Garten murrt im bösen Wind;
Schlaf ein, mein Kind, – schlaf ein, mein Kind,
Dein Vater ist auf See.

Kind

Schläfst im Gras du unterm Obstbaum,
Rosigüberfärbtes Schäfchen,
Apfel du vom Apfelbaum,
Dein noch traumbefreites Schläfchen.

Vater, Mutter in dem Hause,
Das so groß am Garten steht,
Hüten deine Atempause,
Mutters Sorge dich umweht.

Vater, Mutter stehn in Treue
Hinter deinem Kissenthron,
Spiegeln wärmend stets aufs neue
Sich in deinem Glück, o Sohn!

Blühe, blühe, Goldbehaarter,
Sprieße stark aus deinem Kerne,
Stirn und Arm wird dir bejahrter,
Stadt und Qualm steht in der Ferne.

Schlafe, schlafe unterm Laube,
Sonne sickert süß hervor,
Eben als gegurrt die Taube,
Fiel ein Blatt dir auf das Ohr.

Legende

Drei Knaben sangen im Wiesengrund,
Der Tag war so fröhlich,
Das Land war so bunt,
Sie sangen, sie sangen im Wiesengrund.

Sie sangen, sie gingen zum Walde hin –
Es fraß sie der Wald,
Sie blieben darin.
Ihr Liedlein verhallt – –
Sie sangen, sie gingen zum Walde hin.

Drei Knaben singen im Himmelsrund,
Wie Glöcklein klingt helle ihr Mund.
Sie singen noch immer die selbigen Wort',
Sie singen noch immer so kindlich fort
Das fröhliche Lied aus dem Wiesengrund.

Tehura sitzt am Strand und singt

Mein Vater ist ein Haura –Mann,
         Ohi –
Der muß die Muscheln glätten.
Er fischt sie auch
Und reiht sie auf,
Er macht die schönen Ketten
Und hängt noch bunte Fäden dran,
         Ohi –
Wenn heut Nacht, wenn heut Nacht,
         Ohi –
Die Blumen aufwärts schweben,
Am Himmel blühn
Und silbern glühn – –
Muß ich die Augen heben
Ich weiß, Totinge wacht – –
         Ohi –
Mein Vater sagt, er kommt noch nicht.
         Ohi –
Ich muß noch lange warten,
Ich war noch klein,
Muß schöner sein;
Wenn unser Baum im Garten
Erst groß, und man die Nüsse bricht,
         Ohi:
Dann kommt vom fernen Inselland,
         Ohi!
Dann kommt, dann kommt Totinge
Im Baumkanu!
Totinge du – –
Dann steh ich auf und singe,
Und du faßt lachend meine Hand!
         Ohi!

Dann kommt die Nacht

Vorbei die Schlacht.
Der Rauch wölkt ab.
Schwerwunde ächzen wild. Ein Fehlschuß kracht –
Tief in die warme Dämmerung hinab
Hetzen Hornsignale hinter dem verfolgten Feind.

Starr verkrampft die kalte Hand,
Der Blick geschlossen oder aufgerissen,
Die Brust vom Bajonettstich tief zerschlissen,
Und Blut versickert in das dürre Land:
So liegen weit verstreut hier Freund und Feind,
Und alle nun in einem Tod geeint.

Ein Kanonier kniet an zerschoßnem Wagenrad
Und stöhnt ein Dankgebet.
Eine Seele, eine große Opferseele weht
Aus heiß zerwühlter Leichenstatt
Unendlich auf zu Gott.

Der Feldsoldat an einem stillen Morgen

Sonniger Gott, Du schenkst uns die Tage
Nach Deiner Weise, –
Stromvoll geweitet, lieblich beengt,
Stürmend und still –
Wie es uns ziemt.

Heulend, platzend brachen vor Stunden noch
Feuergranaten, furchtbar gesät,
Hart neben uns ein.
Unter brüllendem Rauch und spritzender Erde
Stand hinter dem schütternden Walle,
Aufstöhnend zu Dir,
Ein armer Soldat.

Nun aber ist Ruh.
Wasser gluckst in den Wiesen,
Gräser stehn im Wind,
Und Feld bei Feld atmet auf, hoch auf.
Eine Lerche ist blau in der Luft.
Hier unten, mitten in allem,
Schlägt Dir selig beklommen
Ein menschliches Herz.

Hymne

Jünglinge!
Starkblütige, siegmütige,
Ihr hebt die Büchse, ihr führt die Klinge
In Feuerlärm und Blutdampf;
Kampf, heißt es jetzt,
Bis zuletzt.
Euer aber ist der Kampf!

Jünglinge!
Opfergeweihte, todbereite,
Ihr habt kein Weib, ihr habt kein Kind,
Ihr wißt kaum, daß Eltern weit hinter euch sind,
Euch brennt nur eins, das euch wildselig macht:
Die rote Sonne der Schlacht!
Und seid ihr dennoch Einer vertraut,
Habt in der Heimat die Braut –
Hört sie nicht, hört sie nicht!
Euch ruft nur eins, eins was vorwärtsbricht:
Kampf für das jüngste Weltgericht!

Ihr kämpft nicht für heute oder für gestern,
Ihr kämpft für eure jüngsten Brüder, für eure kindlichs-
ten Schwestern,
Für ihrer Zukunft Lebensland.
Und euer Blut ist das Unterpfand.
Euer Vater aber, der mit euch die Waffe hält,
Euer Vater aber, der neben euch fällt:
Sein Grauhaupt trägt ihre kindliche Welt.
Und dies ist das weheste Opfer.

Erhaben sind, die sich dem Tod ergeben,
Ihr seid das herrlichste Leben.
Denn dies ist eure höchste Blüte:
In Flammenrausch und Donnertod
Hinstürzend glutrot
Aus tausend offnen Adern euer Leben
Allmutter Erde wieder hinzugeben!

Selig, selig, titanengleich
Seid ihr Jünglinge im Erden- und Himmelreich.

Im Marschieren

Sie treten alle stramm im Marsch,
Die Feldtornister sind nicht schwer,
Sie schultern kräftig ihr Gewehr
Und singen kunterbunt und barsch.
Linker Tritt, linker Tritt, marsch...

Ich sing nicht mit, weil ich nicht mag;
Die Knarre drückt, ich gehe krumm,
Ich bin im Kopfe stumm und dumm –
Man singt von Müllers Taubenschlag.
Linker Tritt, linker Tritt, marsch...

Sie haben all' ein Herz zu Haus,
Ein Weib, ein Liebchen oder zwei –
Bekommen Wurst und allerlei,
Tabak und warmes Unterflaus – –
Linker Tritt, linker Tritt, marsch...

Ich denk an eine (die ist schlecht),
Die schweigt, die gar nicht an mich denkt, –
Ich bin allein und unbeschenkt
Und soll doch auch bald ins Gefecht!
Linker Tritt, linker Tritt, marsch ...

Lionardos »Madonna Lisa Gioconda«

Aus welchen abgrundtiefen Urwelt-Schlünden,
Aus welcher Riesenberge Kratertor
Stiegst du geheimnisgroßes Weib empor?
Du Tabernakel aller Erdensünden –

So seltsam blicken deine Schleieraugen,
Und schmerzversprechend lacht dein stummer Mund –
O gib mir deine starre Seele kund,
Laß dir das Rätsel von den Lippen saugen!

Und wieviel Augen hast du schon entzückt,
Du Alles-Weib, du zeitlos Ungeheuer?
Und wieviel Leiber, Herzen schon erdrückt?
Welch Seelenblut ernährt dein Lebensfeuer?

Du siehst mich stumm und lächelnd an – – –
Nie wird man öffnen deinen Bann!

Tristan und Isolde

Sie tranken Blut aus ihrer Schale – – –

Der Feuerfunken in sie säte,
Den sie als Herrin herbefahl,
Der aufrecht sie mit Trotz verschmähte:
Dem reichte sie den Giftpokal.

Sie reichte ihm den schweren Becher,
Er blickte kühl, blieb stumm und trank.
Ihr Arm, der herrisch gab, ward schwächer,
Als sie die Neige trank – er sank.

Ein bittres Warten beide füllte –
Sie standen atmend, blickgebannt–––
Schwand nicht der Trotz, der ihn umhüllte?
War diese Glut ihr Todesbrand?

Sie tranken Blut aus ihrer Schale,
Sie tranken rotes Liebesblut –
Da quoll aus diesem Todpokale,
Sie jäh durchströmend: Liebesflut!

Sie fielen, Mund zu Mund gefunden,
So in Umarmung ohne Wehr,
Sie sanken hin, bedrückt, gebunden
Von neuem Leben überschwer.

Sie tranken Blut aus ihrer Schale.

An Dich

Steh ich vor Dir,
Ein Mann und Geliebter,
Allen Blick in Deinen tauchend,
Zärtlich und liebend und forschend –
Fließt mir ein heimlicher Schauer
Heiß über die bebende Haut:
Das Herz schwillt breit und laut:

Da hebt sich auseinander
Menschliche Reihe!
Frau und Frau, Weib und Weib:
Lange Reihe der Mütter.
Von Dämmerung umrauscht,
Alte, Junge, Greisinnen; schweigend –
Und im Schweigen erhaben wie Schicksal
Vor die strömende Wand
Des Horizontes gebannt.

Plötzlich:
Sehe ich Dich!
Die Letzte der Gestalten –
Geliebteste Du, und mein Weib!
Zierlicher Haltung,
Und im schön gegliederten Antlitz
Die Furchen des Lächelns, die Furchen der Tränen:
Die Furchen des ewigen Lebens
Um Augen und Mund.
Und aber im mystisch beglänzten Blicke
Alle Güte des Weibes!

»Nimm mich hin, nimm mich hin!
Auch ich bin Deines Leibes!
O unentrinnbarer Sinn,
Der tief aus mir beginnt:
Denn auch ich bin, auch ich bin
Dein Kind!«

Liebe

Über Nächte, über Wege, Schroffen
Rief ich fünfzehn Jahre wirr nach dir –
Nun hat dich mein Herzgeschrei getroffen.
Einst hieß alles: Ich – nun ruf ich: Wir!

Weib:
Es war wohl vieles Locken schon um mich,
Doch fremdes wars, und nicht das deine –
Ich wußte, daß es kam und brächte dich,
Daß uns der eine Klang vereine!
  Nun bist du da,
  Mir körpernah.

Mann:
Glückvoll bebend heb ich deinen Leib
Hoch auf meine Schulterbreite,
Trage dich, mein liebewertes Weib,
Fort zur Horizontesweite. –
  Deines Lebens reiche Last,
  Drückt sie bald zur Rast
  Meinen glückbeschwerten Fuß?

Nein, mein Weib, hinauf, hinauf
Lenkst du meinen leichten Schritt!
Froh geh ich, als liefest du vorauf.
Tag und Erde wandern mit,
Ferner dehnt sich hell die Ferne,
  Doch ich frage nicht wohin,
  Lockend trag ich dich dahin
In die helle Ferne –
Fühlst du, wie der Morgen klingt –
Fühlst du, wie die Erde singt,
Wie sich alles Leben, frohbeschwingt,
Uns in sich, und sich um uns verschlingt?

Sieh, es winkt
Strahlend uns der Mittag.

All-Eins

Es war aber Nacht –
Ein dunkles Sausen schwamm, verwellte sacht – –
Nach schwarzem schwerem Rätselschlaf
Entwühlte mich der All-Gebärungsschacht,
Als hämmernd mich das Leben traf:
Ich war erwacht!

Zu offenbarem Leben aufgerüttelt,
In neue Rätsel wirr geschüttelt:
Der Tag stieg auf!
Ein mildes Flüster-Leuchten kam herauf
Und floß ringsher und stieg und wurde heller – –
Das Strahlen stieg und stieg und strahlte greller
Und fraß die Nacht mit Gier.
Und meine Augen glänzten stier:
Schon sprach das Licht zu mir – –
Und über mir hing hoch und hoch der offne Wolken-Dom
Von neuer Lichtflut übergossen.
Und Wolken-Schären, lichtumflossen,
Goldne Insel-Berge zogen hoch im goldnen Strom.
Ein Warten, namenlos und leise,
Zog unsichtbare Zitterkreise
Allüberall –
Da brach ganz fern am tiefen Himmels-Rand
Der blutdurchglühte Werde-Schrei hervor:
Der rote Feuer-Brand!
Da drang das Sonne-Hirn ins Himmels-Tor!
Und schrie und schrie zu mir!
Und meine Augen gellten
Und meine Schläfen wellten,
Mein wilder Ruf zerschellte
Vor diesem Feuer-Stier!
Alles schmolz im Lichtgemeer –
Alles trank vom Lichtgemeer
Und schwamm und trieb und tauchte –
Die Wolkenflocken, goldenschwer,
Die frische Erde rauchte – –
Und ich, ich schwankte mit betäubter Stirn

Hinauf zu diesem Feuerblutgehirn,
Hinauf – –

Ich floß in Flimmer-Flut; ich sank – ich sank.
In eines Schläfers Wiederkunft-Gebärde
Lag ich mit offnen Händen auf der Erde.
Wolkenschatten zogen
Ganz fern – der Horizont-Gebirge blaue Streifen
Verflossen fast in Sonne-Rauch – – –
Von irgendwo kam weicher Hauch
Und schwoll zu vollem Wind,
Umkühlte wogendweich den sonnbestrahlten Kopf
Und meine lebensvoll erregte Brust.

Ich kam zu mir zurück:
Und sieh, auf meiner Rückenseite
Verglitt gedehnt mein Berg zu Tal:
Zu tiefer grünbedeckter Breite.
Dahinter stand ein aufgereckter Wald,
Von Mittags-Licht zu schwerer Form geballt,
Die satten Schatten schliefen tief darinnen. –
Wenn nun der Säuselwind, der langsam schon verwehte,
In andre Richtung schweifte, sich zum Tal hindrehte,
So hob er starkes Duften zu mir auf
Von unten, von den Matten. –

Doch sieh! doch da! – am Waldrandschatten
Bewegte sich ein heller Fleck – herauf!
Ein heller Körper – stand nun ganz in Sonne:
Er kam! er kam – ein Mensch! ein Mensch!
Und eine jähe sonderbare Wonne
Griff wie mit Fingern an mein Herz
Und bog den Rücken, bog den Kopf weit vor
Und zog die Augen menschenwärts.
Ein Sausen füllte mein erregtes Ohr – –
Nun riß mein Herz mich hoch,
Ich sprang auf einen Damm von Steinen,
Ich stand da mit gespreizten Beinen
Und streckte breitend meine Hände:
Da brach wie Glut aus meinem Mund der große Schall

Und rollte abwärts zum Gelände.
Ich bebte, – ob der Mensch mir Antwort sende? –
Da kam lebendig Echo, süßer Widerhall
Herauf! umschwirrte meine Sinne:
Ein weicher Klang,
Ein Lustgesang,
Der Kündung gab, daß Neues nun beginne!

Die Sonne hatte sich vom höchsten Stande,
Vom Brennpunkt über mir zum untern Lande
Allmählich hingesenkt.
Sie hing schon nahe überm Walde,
Von mildem Licht getränkt. –
Ich hob die Hände schattend vor die Augen;
Ganz langsam sah ich ihn zur Höhe kommen,
Mir schien wie zögernd, wie beklommen,
Ein Leuchten kam mit ihm gegangen –
Doch zwischen uns lag ungewisses Bangen.
Ich wich erstaunt zurück, erschreckte;
Ein Unbekanntes
Aus frohem Sinnen mich erweckte:
Da war, entfernt noch eine Steinwurf-Länge,
Das andre, sonderbare Menschenleben
Und wollte zögernd kaum den Fuß noch heben,
Und stand nun still: Das waren andre Augen! andre Glieder!
Ein andrer Kopf, ein andrer Leib:
Es war das Weib! das Weib! das Weib!
Wie dampfend sprang ich auf und zu ihr nieder
Und riß sie stürmisch freudig hoch! –

Dann ließ ich scheuvoll los die weiche Hand:
Wir standen atmend, Blick in Blick gebannt;
Es war, als wüchse zwischen uns ein Schatten hoch,
Wir sahn uns an, so fremd, so bang –
Doch langsam wich der Schatten, und die Scheu verflog
Vor tiefem innerm Lebenszwang,
Der plötzlich Wonneworte aus uns stieß
Und glühend von den Lippen strömen ließ
Zu unnennbarem Sang!

Da fielen meine Arme wie ein Ring
Um ihren Leib zusammen!
Ihr ganzes, unbewußtes Leben hing
An mir und sprühte Flammen.
Und meine Kraft ward drängend schwer,
Bedrückte liebend sie so sehr,
Daß sie zu Boden sank –
Und ich – den ersten Tropfen aus dem Liebes-Meer,
Den ersten Kuß
Von Ihren Lippen trank!

Wir lagen wie in überwachen Träumen –
Wir sahen, wie tief unten in den Bäumen
Der Erste Tag, der Liebes-Tag verglomm –
Ein letzter Streifen Sonne, feuerrot,
Lag auf dem Wald; – so glühendrot,
Wie sie am Anfang mir geloht,
Die Sonne sank –

Der Wald ertrank
Und alles Dasein um uns her
In dunklem, träumevollem Dämmer-Meer –
In dunklem, träumevollem Schlaf.

Über tredition

Eigenes Buch veröffentlichen

tredition wurde 2006 in Hamburg gegründet und hat seither mehrere tausend Buchtitel veröffentlicht. Autoren veröffentlichen in wenigen leichten Schritten gedruckte Bücher, e-Books und audio-Books. tredition hat das Ziel, die beste und fairste Veröffentlichungsmöglichkeit für Autoren zu bieten.

tredition wurde mit der Erkenntnis gegründet, dass nur etwa jedes 200. bei Verlagen eingereichte Manuskript veröffentlicht wird. Dabei hat jedes Buch seinen Markt, also seine Leser. tredition sorgt dafür, dass für jedes Buch die Leserschaft auch erreicht wird.

Im einzigartigen Literatur-Netzwerk von tredition bieten zahlreiche Literatur-Partner (das sind Lektoren, Übersetzer, Hörbuchsprecher und Illustratoren) ihre Dienstleistung an, um Manuskripte zu verbessern oder die Vielfalt zu erhöhen. Autoren vereinbaren direkt mit den Literatur-Partnern die Konditionen ihrer Zusammenarbeit und partizipieren gemeinsam am Erfolg des Buches.

Das gesamte Verlagsprogramm von tredition ist bei allen stationären Buchhandlungen und Online-Buchhändlern wie z. B. Amazon erhältlich. e-Books stehen bei den führenden Online-Portalen (z. B. iBookstore von Apple oder Kindle von Amazon) zum Verkauf.

Einfach leicht ein Buch veröffentlichen: **www.tredition.de**

Eigene Buchreihe oder eigenen Verlag gründen

Seit 2009 bietet tredition sein Verlagskonzept auch als sogenanntes "White-Label" an. Das bedeutet, dass andere Unternehmen, Institutionen und Personen risikofrei und unkompliziert selbst zum Herausgeber von Büchern und Buchreihen unter eigener Marke werden können. tredition übernimmt dabei das komplette Herstellungs- und Distributionsrisiko.

Zahlreiche Zeitschriften-, Zeitungs- und Buchverlage, Universitäten, Forschungseinrichtungen u.v.m. nutzen diese Dienstleistung von tredition, um unter eigener Marke ohne Risiko Bücher zu verlegen.

Alle Informationen im Internet: **www.tredition.de/fuer-verlage**

tredition wurde mit mehreren Innovationspreisen ausgezeichnet, u. a. mit dem Webfuture Award und dem Innovationspreis der Buch Digitale.

tredition ist Mitglied im Börsenverein des Deutschen Buchhandels.

Dieses Werk elektronisch lesen

Dieses Werk ist Teil der Gutenberg-DE Edition DVD. Diese enthält das komplette Archiv des Projekt Gutenberg-DE. Die DVD ist im Internet erhältlich auf **http://gutenbergshop.abc.de**